福島から
全国・世界へ

復活への公式

$$\sum_{n=1}^{\infty}\frac{1}{n}=1+\frac{1}{2}+\frac{1}{3}+\frac{1}{4}+\frac{1}{5}+\cdots$$

特定非営利活動法人
Social Net Project MOVE
秀嶋賢人

さくら社

はじめに

支援や援助でなく

心に、涙が溜まっていく……。

悲しみや無念、憤りに堰き止められた涙は、溢れるほど心に満ちても、決して、すぐに頬伝う涙に変わることはない。

人はときに、何かで決壊するそのときまで、心に溜まった涙を薄く笑顔に包んでしまうことすらある。

泣いてはいけない。自分はここで泣く立場ではない。なぜなら、被災の当時者ではないのだから……。

自分がやるべきことは被災の現実と被災した人たちの声を、思いを冷静に受け止め、被災地に生きない自分たちがその生きる場でこの悲しみを、この痛みを伝え、都市と地方を超え、共にあるためにこれからをどう生きるかを一緒になって考えることだ。

感情に流され、つまらない憐憫や同情を混じらせてはならない。そんなものは独りよがりの自己満足に過ぎず、一時で終わる。「支援」や「援助」という言葉からも、「復興」という、ただ元に戻せばそれでいいといった考えからも解放されなければ、本当の意味で、この大規模被災の記憶を共有し、この国、世界の教訓として、明日につなぐことなどできはしない。まして、被災した人々と対等の立場でつながりを持つことなどできるはずもない。

では、そのために、自分は、自分たちは何をすればいいのか、できるのか……。

ぼくは東日本大震災直後、被災地を回りながら、そればかり考えていた。共感の涙を何かに堰き止められながら、いまやらなくてはいけないことに没頭した。それが、福島に限らず、地方に危険な原発を押し付け、電力だけ供給させる首都東京の中心地、港区という都会に住む人間の責任のように感じたからだ。地方、とりわけ東北の恩恵を受けながら、その地域、人を知ろうともしてこなかった、都市に暮らす人間の贖罪だと思ったからだ。

そして、最初の現地調査で出会ったいわき市から始まり、やがて、福島県全域の人々との協働事業を行なうようになった。

支援する、されるの関係ではない、自立した同じ生活者、市民同士の活動とするために、ぼくは、それを「協働事業」と呼ぶことにした。互いに協働し、共に助け合う関係であり、してあげる、されるの関係ではないことを言葉でも示したかった。

だから、ぼくらのNPO法人MOVE（正式名称　特定非営利活動法人Social Net Project MOVE）では、創立時からいまも、単語として、「支援」や「援助」という言葉は公式の場で一切使って来ていない。特に行政などからの要望がない限り、「復興」ではなく、「再生」「新生」という言葉を使っている。

自助、公助、相互扶助という言葉があるが、その中でも最も大事なのは自助だ。

自助、自立を視野にいれない、与えるだけの支援や援助は人をダメにする。地域を脆弱化させ、やがて、地域までも自立から遠い依存体質に変えてしまう。そればかりか、支援している側の意識をも希薄にし、補助金や助成金へのたかりの体質を生む。支援に託けて利益を貪る偽善を野放しにする。

緊急支援や緊急援助はいい。いのちのための一次支援、二次支援、生活再建のための三次支援と求められるものは刻々と変わっていく。被災直後から近々、それは、絶対的に必要な支援であり、あるべき援助だとぼくも思うし、実際、震災直後、ぼくらもそうした活動を行なった。だが、その次に大事なのは、その先の三年、五年、十年、そして、さらにその先の未来へのビジョンを被災地が持てるかどうかだ。遅くとも被災地のニーズが生活支援に変わるときには、そうしたビジョンがいくらかでも生まれないと地域の未来は決して明るいものにはならない、とぼくは思う。

なぜか。それは、いまのこの国の地方、地域の姿を見ればすぐにわかる。

都市の複合住宅整備プランや大型店舗、アミューズメント施設を地方に移転しただけでは、建築や流通が生み出す金は、すべて東京や各地方都市の巨大資本に吸い取られていく。

一見、賑わっているように見えながら、資金が地域内で大きく循環しない。ある特定の団体や業種にしか落ちない。広く、多くの地元産業や商業店舗に金は回らず、ただ都会のために地方の消費が貢献している状態。まして、経営がうまくいかなくなれば撤退する。トカゲのしっぽ切りのように、地方を切り捨て、都市にある本体はまた別の地方や海外でしっぽをつくり、大きなダメージは受けない。ダメージを受けるのは地方だけだ。

だが、それ以上に問題なのは、それによって、地方、地域の独自性やそれが生み出す魅力が喪失していることだ。粗削りでも、武骨でも、自らが生み出す地元産品や観光資源、地元の技術、芸術、それを生み出す地域文化にこだわりと誇りを持ち、「どうだ。これがオレたちだ！」と断言し、自信を持って提供する開発力や提案力。それらを地域が失いかけている。

かつて聖域なき構造改革と謳われた政策によって、商店街や医院、郵便局といった地域の人々のつながりを保つ基幹システムが次々に解体され、地域共同体を支えるものが失われた。

商店街の疲弊はこの国の少子高齢化と無縁ではないが、最も大きなダメージになったのは、「大店舗法」と「郵政三法」、骨太の方針「三位一体の改革法」だということは多くの地方経済人の知るところだ。

なぜ、地元商店街や医院、郵便局といったものが地域から失われると地域共同体が解体していくのか。

答えは一つ。それらが、かつては地域の人たちの絆空間だったからだ。少子高齢化と若年世代の流出で児童数が激減している小学校も、それに加わっていた。

そこでは地域の生活情報のあらゆるものが共有されていたし、世帯の生活状況や家庭内の問題でさえ、互いの知るところとしてあった。それは地域の相互扶助を働かせる上では常識であり、同時に、それが地域の教育力の源泉となり、子どもや高齢者の見守りなど地域のセーフティネットとしても機能していた。小学校の運動会は、それを地域の人々が共に確認する場でもあったのだ。

郵便配達員は、各家庭の構成員と顔だけでなく、健康状態まで知っている。町医者は、健康状態だけでなく、各家庭の経済状態から家庭内の事情まで知っていた。商店のおじさんおばさんは、地域の人たちの嫁姑の仲の良し悪しから、夫婦関係、子どもの性格、家族を取り巻く周辺地域の人間関係までわかっていた。生活上の問題や課題があれば、どこそこの誰に相談したらと薦め、公的サービスの窓口まで教えてくれたのだ。

さらに、駐在所や地元消防団が地域の公的支えとしてあった。いわば、地域を守り、育てる役割分担と相互の連携が見事に機能していた。

そして、それらすべてを根底でつなげていたのが、地域の祭り、伝統芸能だ。縦横の世代を超えて、すべての世代が身体性を共にすることで、地域意識、地域愛を育てる。それが地域芸能の基本にあった。

漁師町には漁師町の身体所作があり、農家集落には、その生業とつながる身体所作がある。それを共有することで、自分たちの地域とは何か、歴史や文化とは何かを言葉でなく、身体体験によって体得させる。地域伝統芸能は、自分たちは何者かという自己存在の証明としてそこにあったのだ。

全国、世界に発信する挑戦のために

二〇一一年三月十一日。地域の解体が進み、脆弱化から衰退へと辿るその過程で、東日本大震災は起きた。

ただでさえ希薄になりつつあった地域のすべてがそこで失われた。言い換えれば、東北の被災地はいずれ――あと二十年もすれば目にすることとなっただろう地方の姿を先取りする形になってしまったのだ。多くの人命と生活を犠牲にして。

ぼくらが「支援」や「援助」という言葉を使わない次に、「復興」という言葉を使わず、「再生」「新生」という言葉にこだわっている理由は、そこにある。

元に戻すのではない。新しく再生させる。歴史や伝統、先輩たちがつくった地域の良さを守り、受け継ぎながら、しかし、これまでとは違うやり方や取り組み、挑戦をし、東京だけでなくあらゆる地域、海外に目を向け、同時に、どこかの真似事ではない自分たちのやり方、地域にこだわり、誇りを持って、「これがオレたちだ!」と世界にも発信できる地域に生まれ変わらせる……。

被災した方々には、失礼かもしれない。だが、震災をそう生まれ変わる大きなターニングポイントとするべきだとぼくは考えた。そうならなければ、被災で亡くなった方々一人ひとりのいのち、生活を奪われた人たちの犠牲を明日に生かすことにならないような気がしたのだ。

そう考えたのには、大きな理由がある。

これまでの日常がそのまま取り返せるとは、福島についてはとても思えなかったからだ。言うまでもない、そこには、経験したことのない原発事故、原子力災害があったから。

しかも、通常の災害からの復旧のように数年で終わるものではない。向こう何十年も福島はこれと向き合い続けなくてはならない。

疲弊した地域がすがるように誘致してきた原発。

それは東京依存、中央政治依存が生んだ地方の象徴的な姿だ。ならば、福島だからこそ、それまでの呪縛を超え、できることがあるのではないか。原子力災害を逆手にとって、全国、世界に発信できる挑戦があるのではないか。

全量検査やモニタリング検査で、安全・安心を訴えるだけでは人々の意識は容易に変わってはいかない。不特定多数の人すべてにそれを認識させようとしても、それは不可能に近い。そうした安全神話は、実際がどうあれ、すでに成立が困難になっている。

ならば、福島に生き、地域を愛し、原子力災害と向き合いながら、力強く、「これがオレたちだ！」と挑戦をしている人、地域、団体、企業の姿を伝えることの方がより確かなのではないか。

ぼくらＭＯＶＥが目指したのはそれだった。だから、ぼくらの活動の主役は常に福島の意欲ある市井の人たちだ。従って、主役となれる人、団体、企業がいてくれなくてはぼくらの活動は成立しなかった。

だが、ありがたい巡り合わせで、活動の最初から今日まで、出会ってきた福島県内の多くの人が同じ考え、志を持ち、果敢にこれまでにない挑戦に邁進している方たちだった。中には、まるで震災以前からこうした議論を重ねてきたかのように、出会ったその日から互いに深く共鳴し、いまでは友人、親友、同志といってもいいほどになった仲間も少なくない。

幸せなことだと思う。

福島に出会い、いろいろな関わりを多くの人と持ちながら、いつもぼくらの方が教えられ、助けられてきた。

志を重ね合わせてくれる人たち

震災の年、任意団体で活動を開始したぼくらは、すぐに地域や行政の人たちに信用されたわけではなかった。いわき市行政を納得させ、やっと「大いわき祭」と銘打ったいわき応援イベントを港区の協力で実施できるようになっても、呼び掛けに応じてくれた出店、出演団体に東京まで来てもらう旅費交通費、出演料さえ捻出するのに苦労する状態だった。

いわき商工会議所の小林裕明《こばやしひろあき》理事・事務局長の尽力がなければ、出演団体への謝金も払えなかったと思う。

いわき市の被災した海岸に久之浜という地域がある。

そこに地元の女性たちでつくる海神乱舞（わだつみらんぶ）というよさこいの団体がある。ぼくの熱意に共感してくれた、ＦＭいわきの渡辺弘《わたなべひろし》・前社長が声をかけてくださった団体だ。

東京でのイベント開催も近くなった頃、ＦＭいわきの安部正明《あべまさあき》局長から電話をもらった。確か交通費の確認の電話だったと思う。

「交通費も十分に払えないのに、本当に申し訳ないと思っています。」

ぼくが十人分の交通費にもならない金額を申し訳なく言うと、安部さんはぼくを励ますように教えてくれた。

「昨日、稽古を見てきました。そしたらね……。」

海神乱舞のみなさんは、被災し、避難所や仮設住宅、親類の家などに住み、離散していた。よさこいどころではない。団体は解散するしかない。そう諦めかけていたそうだ。そこに、六本木に程近い、東京ミッドタウンの公園で踊ってくださいという依頼が来た。解散風がいっぺんで吹っ飛び、「やるべ!」と意気消沈していたみんなが息を吹き返した。バラバラになっていた仲間が久之浜に集まり練習を再開し、東京で踊るのだからと毎日にように練習をしてくれたらしい。

安部さんが見学に行くと、休憩時間に漁師町久之浜の威勢のいいお母さんたちが軽口を言い合っている。

「こんなに家空けて、練習ばーっかしてたら、家から文句いわれるだ!」

「何いってんだ? 家なんてとうに流されてないだべした!」

そう言ってみんなで大声で笑い合っていたという……。

ぼくは、安部さんからその話を聞いたとき、震災後、初めて堰を切って涙が出た。生活もままならない避難生活の中で、手弁当で参加しようとしてくれている久之浜のかあちゃんたちの姿が目に浮かび、ありがたくて言葉がなかった。

「秀嶋さん、大丈夫だよ。また、みんなで踊れることが嬉しくて、交通費のことなんか少しも気にしていないから。」

安部さんの言葉が胸に染みた。

後日、海神乱舞のみなさんとお会いすると、「呼んでもらって、本当にありがたかった〜。」と、逆にお礼を言われ、ああ……ぼくらは、助けているのではなく、この人たちに助けられているのだと痛感したのだ。

海神乱舞のみなさんだけではない。下平窪子どもじゃんがら念仏踊りのみなさん、福島県漁協女性部連絡協議会の浜のかあちゃんたち、豊間、薄磯、沼ノ内のみなさんなど、いわき市はもとより、浜通り、中通り、会津地域のみなさんに事あるごとに助けられてきた。

本業がある中、ぼくらの事業に協力してくださっている県内のみなさんには感謝してもし切れない。ぼくらが活動を続けてこられたのも、いわき市を始め、港区、福島県内で少しは知ってもらえるようになったのも、すべて活動を通して志を重ね合わせてくれたみなさんのおかげだと思う。

ここに登場するのは、そうした熱い思いを胸に、原子力災害と向き合い、いまを前向きに生きることで、福島の明日を拓こう、次の世代へ志をつなごうとする人、企業、団体だ。

福島の挑戦は必ず地方新生のモデルとなる。震災・原子力災害を教訓に、新しい地域づくりに挑戦する福島の人々の取り組みを八年以上見続けて来て、ぼくはそう確信している。

そして、沖縄がそうであるように、福島が抱えた課題を福島に終わらせず、これからの地方のあり方、都市と地方、国と地方のつながりを考える教訓として、全国、世界の人々に知ってもらいたいと願っている。

二〇二〇年三月

特定非営利活動法人 Social Net Project MOVE

秀嶋　賢人

復活への公式
福島から全国、世界へ

もくじ

第四章　持続可能な地域社会へ

第一章

なぜ福島なのか？

一　歴史に見るフクシマモデル

なぜ、福島なのか

多くの被災地がある中、ぼくらは、浜通りのいわき市に始まり、浜通り、中通り、会津と、二年をかけて福島県全域の方たちとの協働事業へと活動を拡大した。

そして、その最初から、福島県内、首都圏に限らず、出会う人ごとに、「なぜ、福島なのか？」と訊ねられた。

ぼくは、その問いに、「だって、原発事故があったじゃないですか」と判で押したように答えた。説明を始めると長くなる。それに、その長い話は、被災からそう時間が経過していないいま、語ることではないと考えたからだ。直近の問題が先で、福島である理由は、いま重要ではない。

原子力災害があるから。それだけで十分だった。

いまから四十年前になる。ＮＨＫの大河ドラマでそれまでの偉人、英雄ものとは全く違う斬新な作品が制作された。

『獅子の時代』（脚本・山田太一　演出・清水満　主演・菅原文太）。

ＮＨＫの大河ドラマは、維新前後を扱うとき、それまで薩摩、長州、土佐、肥前の四藩、西日本の側からしか描いてこなかった。ところが、四十年前、それを東日本側の視点から初めて描いた大河ドラマが放映された。

同じ視点で描かれた、『八重の桜』は、それから三十三年後の作品になる。

そこには、戊辰戦争後の会津藩を始めるとする東北各藩の苦難と明治政府の弾圧。薩摩、長州の専制支配、いわゆる薩長政治に反駁した市民運動、自由民権運動が描かれている。

ＮＨＫの大河ドラマとしては画期的な挑戦だったと思う。

〈明治維新による日本の近代化、取り分け、殖産興業によって、日本は、西欧に並ぶ先進国への道を歩むことができた。これはアジアでは唯一、日本だけだ。その礎の上に、現在の日本の繁栄がある……。〉

ぼくらはたいてい、学校教育の場でそのように教えられている。

しかし、果たして本当にそうなのか。史実としてはそうだろう。だが、そのために捨てられてきた日本、踏みつけられてきた人々もいるのではないのだろうか。

もっと言えば、すべて右へ倣えで、西欧化することだけが近代なのか。西欧文化を導入しながらでも、江戸期までの文化を継承し、日本独自の近代化を歩むという選択肢があったのではないか？

NHKの大河ドラマ『獅子の時代』は、そう問いかけていた。

歴史は常に勝者によってつくられる。視点を敗者の側に移せば、これまでの常識とは違う、新たな真実や歴史の陰に追いやられた人々の姿が必ず見えてくる。

〈このままでいけば、帝国主義で植民地を世界に広げている欧州と同じ道を歩むことになる。それが果たして、三百年、内戦もなく、他国への侵略もせず、穏やかに、それでいて欧米にはない独自の高い文化を育んできた、この国の人々の幸せにつながることなのか？〉

廃仏毀釈から伝統美術を守った岡倉天心を始め、明治の知識人の多くが疑問を抱き、この問題と格闘している。

それだけではない。近代化のために海外から招聘された外国人も、自国文化を全否定し、極端な西欧化に邁進するこの国に疑問を持った。『怪談』『日本の面影』の著書で有名な小泉八雲（ラフカディ・オハーン）もその一人だ。
西欧一辺倒の極端で歪な近代化の波と江戸期までの日本文化へのこだわりとのせめぎ合い。その起点に戊辰戦争、その中でも最大の激戦となった会津戦争があり、その後の福島、東北の苦難が生まれている。

戊辰戦争で官軍に抵抗した会津藩を始めとする、奥羽列藩同盟の各藩は、明治維新以後、維新政府から厳しい処分と冷遇を受ける。その処遇もさることながら、東北は、監視と抑圧、それにより逼迫した経済の中で明治近代を生きたのだ。

明治から昭和初期の東北の貧しさと中央との格差がよく小説やドラマで描かれてきたが、それは近代日本の最初に中央政府によってつられた一面があることは否定できない。

これをさらに決定的にしたのが、自由民権運動だ。
薩長による専制政治ではなく、国民の声を政治に反映させるための国会の設立と憲法の制定、平民でも参加できる議会制度を求めた大衆運動。国民の自由自治を求めたものだ。

板垣退助が明治六年（一八七三年）の政変で政府から下野し、土佐で始めた自由民権運動は、板垣とは会津戦争からその後も深い縁のあった、福島で最も苛烈に展開された。

そして、その苛烈さゆえに、明治政府からすざまじい弾圧を受けた。

東北の自由民権運動の拠点となった三春町、石川町を始め、浪江、相馬、福島、会津若松、喜多方と福島全県で、運動は広がっている。特に、明治十五年（一八八二年）に起きた福島事件（喜多方事件）と、その後は熾烈を極めた。

県令（現在の県知事職）、三島通庸《みしまみちつね》が「会津三方道路」の土木工事で、会津地方の人々に低賃金の過酷な労働を義務付け、応じない家屋の財産を没収するという布令を出した。

多くの自由民権運動家と会津地方を中心に、市民が反対運動を起こし、流血事件にまで発展する。事件後、国家転覆罪として逮捕された人の中には容赦ない拷問が加えられ、獄死者も出るほどだった。

その後も、政府による弾圧が続いたが、全国に広がった運動に抗しきれず、国会の設立へと至るのだ。後に、第十一代衆議院議長となる河野広中《こうのひろなか》は、この運動の中心的人物で福島県民の多くがその名を知っている。

ただ、激烈な運動が福島で起きたことは、会津戦争後以上に、福島、そして東北への警戒を政府に強めさせる結果につながった。それが釜石製鉄所、常磐炭鉱などいくつかの例外を除き、東北が厳しい気候の中で一次産業を主要産業として歩むしかなかった道にもつながっている。

地方の生き方の手本

自由民権運動当時、福島で農民、漁師、商人など市井の人々がつくった民定憲法草案がある。気仙沼など宮城、岩手などでも戦後から近年にかけて発見されている。それらは大正デモクラシー運動に強い影響を与えた東京帝国大学教授の吉野作造《よしのさくぞう》（宮城県出身）が収集し、東大に秘蔵していたものだ。

しかし、それらが公開されることは、それまでなかった。隠蔽しておかなければならないほどの弾圧が、太平洋戦争の終わる敗戦の時まであったからだろう。

南相馬市出身の憲法学者・鈴木安蔵《すずきやすぞう》は、日本国憲法の制定に当たり、それらを参考にしている。鈴木は、憲法研究会で日本人による憲法草案を作成する際、それらを再発掘。草案の中に取り込んだ。福島を始め、東北の市井の自由民権運動家の自由自治を求める声が、実は、日本国憲法の中で生きている。

だが、そのこともまた戦後史から抹消され、ほとんど知られてはいない。

そして、震災と津波被害、さらに原発事故と原子力災害が、こうした歴史を生きた地域に襲来した。いまだ回復、再生へ向けた道半ばにあるところへ追い打ちを駆けるように起きた二〇一九年の台風十九号と洪水被害もある。

だが、この国の近代化という時代の転換点で、日本文化にこだわり、専制政治に対しては、国民主権と自由自治を求め、今回の被災と被害を教訓に、新たな福島へ生まれ変わろうとしている……。

ぼくは、それらにはいずれにも共通する、いわば、「フクシマモデル」と言ってもいい、全国、世界に通じる地方の生き方の一つの手本があるように思えてならない。

迎合ではなく、孤高。依存ではなく、自主自立と自由自治。それにより互いをリスペクトできる対等の立場での連携。地方が中央、都市と真っ当な関係を創造していくために求められる基本といってもいい萌芽が、そこにはあるような気がしているのだ。

それは、もちろん、ぼくの勝手な仮説かもしれない。

だが、試行錯誤し、時には悩み、時には笑いに変えながら、変革へ向けて、失敗を重ねても実験と挑戦をやめない人たちがそこにはいる。その姿を紹介する中で、ぼくが感じるフクシマモデルと「なぜ、福島なのか?」という問いの答えをみなさんにも探してもらいたい。

冒頭にご紹介した『獅子の時代』の演出家で、同じく大河ドラマの『天と地と』なども手掛けられた元NHKチーフディレクターの清水満《しみずまん》さんとは、震災前から個人的にご縁があった。

それもあって、二〇一二年開催の「福島・東北祭り」（いわき市・福島市・会津若松市・港区・復興庁後援）のイベントにご登壇いただき、三度に及ぶ福島の苦難の歩みについて対談させていただいている。

これから折々出てくるが、いまにして思えば、これもぼくと福島との不思議な巡り合わせの一つだった。

二 前例のない試練が生んだ新しい取り組み

やり切れない現実

「原発事故がなければ、こんな風には考えられなかった……。」

ぼくが福島県内各地を回りながら、素晴らしい取り組みをされているなぁと感心させられた農家や漁師さんを始め、様々な業種の方たちは、口を揃えてそう語る。

震災直後の農水産物の出荷制限。制限解除後の米の全量全袋検査。農水産物のモニタリング検査。漁業の操業自粛とその後の本操業には遠い、試験操業。流通仲卸業者の自己規制による販売不振と価格叩き。原子力災害による長期に及ぶ避難生活。汚水処理の問題など、いまだ収束の見えない福島第一原発廃炉作業。そして、世界のどこよりも厳しい検査を実施しても、いまだに続く、福島、東北産品への不安と不信、あるいは拒絶……。

それが震災当時は、いまよりもさらに重く、福島にのしかかっていた。家族、親族、知人、友人、仕事仲間など、多くの人命と家屋や生活の拠点を奪われ、明日を模索する不安の暮らしの中でのそれだった。

特に、数か月から一年に及ぶ出荷制限は、単に収入が断たれる以上に、多くの人々の心を打ち砕き、疎外感、孤立感が広がった。

当時、車で県内を回りながら、地元ラジオから流れるのは、「車が福島ナンバーというだけで飲食店への入店を断られた」「ガソリンスタンドで給油させてもらえなかった」「避難先の学校で子どもがいじめに遭っている」「結婚が破談となった」など、偏見に直面した人々から寄せられた悩み、痛みの数々だった。

広島、長崎の被爆者とその親族への差別がいまだにあるように、無知とそれによる偏見、思い込みが、福島差別を全国で生んでいた。

鏡石町で、マッシュルームを中心に環境にやさしいリサイクル減農薬野菜の生産に、震災前から挑戦している会社がある。

松葉屋さんだ。社長の今泉文克《いまいずみふみかつ》さんとは、東京の他の団体のイベントでお会いしたのがご縁で、ＭＯＶＥの福島発信のためのウェブサイト「Smart City FUKUSHIMA MOVE」（http://www.smartcitymove.com/）に登場いただいた。ぼくらが港区を中心に首都圏の住民、次世代を生きる子どもたちを募り、毎年実施している福島へのスタディツアーやその他のイベントでもご協力いただいた。

鏡石町に今泉さんを初めて訪ね、町の実状を取材させていただいたときのことだ。ご自身の事業について尋ねると、こんな答えが返ってきた。

「東京の高級フランス料理店など都内に多くの顧客がいました。それが震災後、都内を始め、得意先は半分がいなくなりました。」

ぼくはそのとき、はっとなった。

いまさらだった。出荷制限のことは知りながら、その重みを改めて痛烈に教えられたのだ。

松葉屋さんのように、直接顧客と売買取引をしている生産者、加工業者は、出荷開始後の風評の大きさ、厳しさを直に肌で感じている。今泉さんが体感した強烈な波動が伝わってきた。

松葉屋代表取締役　今泉文克

鏡石町は、県内でも農業所得が一番高い地域だった。それが震災後の厳しさを一層痛感させることにつながったのかもしれない。

だが、レストランを責めることもできない。

高級フランス料理にマッシュルームは欠かせない。当然のことだが、どんなに品質がよく、取引を通じた信頼関係があるにせよ、食材を常時提供できなければ、店の信用はなくなる。

レストラン側も松葉屋さんのマッシュルームと同等の食材を急遽、探したに違いないのだ。しかも、時間が経過すれば、当然、新しい取引先とのつながりが生まれ、それが通常になる。ましてて、福島県産と他県産で同等の物を並べられれば、思わず他県の物へ手が伸びる、というのは、震災直後であれば、理屈でなく人情というものだ。そうなれば、出荷制限が解除されても、顧客がすぐに戻ることはほぼない。

想像してもらいたい。

つい昨日まで笑顔でやりとりし、時には冗談も言い、取り引きの付き合いとはいえ、仲間のような関係だった人が、ある日、「申し分けない」の一言で自分に背を向けて去っていく。場合によっては、昨日までのことはなかったかのように手のひら返しで、無言で冷たくシャッターを下ろされる。そのとき、ガラガラと閉まっていく拒絶のシャッター音は、どれほど心締め付けるものだったろう。

自分が丹精込めて育て、安全と品質にこだわり抜き収穫した、検査済みの産品までもが否定される。それは自分の地域、自分自身の存在さえも否定されるような痛みだったのではないだろうか。

そもそも、マッシュルームもだが、菌床栽培のキノコは隔離された施設で栽培され、屋外栽培のシイタケなどとは全く違う。だが、それを説明しても、キノコというだけで受け入れられない現実が横たわっていた。

松葉屋さんを襲った、このやり切れない現実は、当然ながら松葉屋さんに限ったことではない。

取引先がなくなり、売上が落ちれば、社員やパート、地元の人にやむなく辞めてもらうしかない。逆に、線量は問題なくても子どもの健康被害に不安を感じて、住居を移し、職場から去る若い人たちもいた。そうなれば、事業規模を縮小する、場合によっては廃業すらあり得る……。ぼくが出会った、生産者や加工業者さんの多くが同じ課題に直面していた。

松葉屋さんを取材したい。そう思った一番の理由は、福島第一原発のある大熊町から避難して来たお母さんや地域の仲間たちと一緒になって、鏡石町の野菜を笑顔で販売する姿を見たからだ。

人手不足を原発の避難地域から来た人たち、地域の仲間たちの力を集めて補い、他県の農場とタイアップして生産地を変え、事業を維持する。自分のところの農産物だけでなく、リサイクル減農薬野菜を生産する仲間や地域の野菜も宣伝販売する。町自体に魅力を感じてもらえるように、学校唱歌『牧場の朝』で知られる岩瀬牧場を地域の観光資源として再生しようと提案する……。

取材で知ったそれらの取り組みは、課題を同じくする魅力ある福島の人たちのそれと共通のものだった。

要は、他の地域と連携し、地域の志を同じくする仲間とつながり、自分のところだけでなく、地域全体の再生を目指し、いまできるところから行動しようという姿勢だ。

だが、その発想は、これまで通りの生産、販売ができていたら、きっと生まれてこなかったことだろう。

自分の商売、売り上げだけ見ていれば事足りるので、他の地域の同業者に協力を仰ぐこともなく、地域のことを考えるにせよ、地域全体の活力の回復を目指すといった規模の発想にもつながらなかったと思うのだ。まして、地域の観光資源までも再生し、発信しようといった行動には至らなかったかもしれない。

「風評は関係ないと思っています」

ではなぜ、自分の生業だけ、あるいは業界だけでなく、地域全体の活力創造や魅力の発信に挑戦しようという発想が生まれたのか。それが必要と考えたのか。

後ほど詳しく紹介するが、そのために、異業種、他分野、地域外の人とのつながりをつくるという、そこからまた一歩踏み出した取り組みも生まれている。

「風評は関係ないと思っています。その言葉も好きじゃない。」

この本で紹介する生産者の全部と言っていい。出会ったそのときから、風評という言葉を使う人は一人もなかった。

風評は、確かにある。そのせいで冷たく閉まるシャッターの音も聞かされてきた。だが、口々に出る言葉は、「風評は関係ないですよ」。

国や県には「風評対策事業」という施策がある。風評対策のための予算もある。だからといって風評を言い訳に、それを当てにするような生産者にはなりたくない。きちんとした取り組みを持って、そうしたい。自分たちが生産するもの、福島が否定されるのなら、他のどこにもない、誰もが欲しいと思える、より品質のいいものを生み出せばいい。品質への信頼がなくなっているなら、もう一度、その品質の高さを伝え、新しい姿で提供すればいい。そう考え、取り組む生産者ばかりだからだ。

だが、いくら自分たちがいいものをつくっても、知ってもらわなくてはどうしようもない。自分たちがつくるものは、この土、土地、森、川、海といった地域の自然と歴史、ここに生きてきた人、生きようとする人が生んだものだ。

しかし、それがいま否定されている。そのために自分たちの取り組みも知ってもらえないのなら、自分たちの地域が持つ良さを誇りと自信を持って伝え、それを面白い、楽しそう、だから行きたいという人を増やしていけばいい。風評被害で苦しんでいる姿を見せても、安全性を連呼しても、それは同情や憐憫にすがっているようなものだ。

お情けで買ってもらおうとは思わない。

自分たちの志に共感を持ってくれる人たちに、「これがいい」そう思って買ってもらいたい。選んでもらいたい。そして、自分たちの地域を愛してくれる人たちの輪を広げることで、それを実現したい……。

ぼくが福島で出会った人々は、要約すれば、こうした思いと信念があって、原子力災害前には取り組むことのなかった数々の新しい挑戦をし、試行錯誤しながら着実に成果を生んでいる。いま、改めて訪ねると、震災当時よりも組織や会社の規模を大きくし、地域や県外の人を受け入れ、雇用促進にも貢献している方たちばかりだ。新たな商品開発や異業種との連携で地域への流動人口増加にも、その一翼を担っている。

それは地域の小さな取り組みかもしれない。だが、時代を動かすのは、既存の形骸化した力ではなく、明日を見据えた、小さいけれど、力強い力なのではないだろうか。

これから先、復興予算が削減され、時間経過とともにまた新たな試練にも直面するだろう。だが、福島の、地域への誇りを賭けた挑戦がある限り、「ふくしまはまげねぇ」。

三 復活へのフクシマモデル

共通する取り組みのかたち

これまでとは違うやり方、取り組み、挑戦をし、東京だけでなくあらゆる地域、海外に目を向け、同時に、どこかの真似事ではない自分たちのやり方、地域にこだわり、誇りを持って、「これがオレたちだ！」と世界にも発信できる地域に生まれ変わらせる……。

「はじめに」でこう述べたように、震災直後、自問しながら自分たち都市に住む人間にできることは何かと考え、辿り着いたひとつの答えは、福島の意欲ある人たちとの出会いの中で、それがぼくひとりの単なる幻想ではないことを知った。

それはまた、ぼくらの活動の目指す方向が福島の現実、福島に生きる人たちの思いと決して遠くないものだという証にもつながった。県内のみなさんと初見から違和感なく、様々な協働事業を共に進めてこられたのは、このことが大きい。

彼らが主役として取り組む過程で、それが都市に暮らす人間の眼からどう見えるかの意見を伝え、語り合い、その挑戦する姿をぼくらがスタディツアーやイベント、ウェブサイトやSNSで首都圏、全国に発信する。

それによって日本国中、いや世界中の人々に、彼らの取り組みを面白い、新しい、楽しそうと思ってもらい、行ってみたいという意欲と動機をつくる。実際に行ってくれなかったとしても、あの福島でそんな斬新な挑戦がいくつも起こっているのかと、関心を持ってもらえるだけでもいいのだ。

それが、原子力災害の福島ではなく、それまで知らなかった福島への関心にきっとつながっていくから。

ぼくらは、こうした協働関係を持つことで、地方と都市が距離を超えて、日常のようにつながるという、もう一つの目標を目指している。

現在、フェイスブックでは、ぼくらの活動のメンバー以外に全国で四百名くらいの方々が日常的に福島情報に触れるグループ「MOVEと協働、応援する会」にいる。フェイスブックページでは常に千六百人以上の人が福島県や東北の情報に触れている。シェアなどを入れるとその数は倍以上になる。

団体のホームページのページビューは年間平均八万件以上だ。

ウェブサイトには、福島県の委託事業「まじうまふくしま東京の店」というカテゴリーがあり、東京都二十三区で福島の食材、酒が提供されている六十店舗以上を紹介している。こうした店舗では、ぼくらの活動の情報発信や福島県の事業でも協力してもらっている。

また、ぼくらの事業に合わせて、港区企画経営部企画課全国連携推進担当に協力いただき、福島県東京事務所、いわき市東京事務所、港区福島県人会や他にも福島で事業を行なう団体で定例の「ふくしまみなと未来塾会議」を行ない、東京から福島と協働事業を進めるための協力体制も敷いている。

http://www.smartcitymove.com/

まだまだ十分ではないが、こうした情報発信や取り組みが可能になったのは、言うまでもなく、ぼくらの活動にかかわってくださった、行動する福島の人たちがいるおかげなのだ。

出会う人がことごとくぼくらの活動の趣旨に共感してくれた理由はわからない。ただ、震災を契機に、震災前に戻ればそれでいいという考えでは、これからの自分たちの仕事、地域はいずれ行き詰まる。ぼくらが出会った福島の人はみな、そうした危機感を持つ感性豊かな人たちだったことは確かだ。

彼らと出会い（そう頻繁に直接会っているわけではないが）、会えば昔からの馴染みのように冗談や軽口を交えて語り合い、ぼくらの活動の必要なときに、必要な協力を惜しまずしてくれる。そのノリとテンポの良さに、ぼくはありがたいと感謝しながら、いつも優秀な人たちだなと感じている。

そうやって、八年という歳月を重ねる中で、ぼくは、それぞれの取り組みがあまりに共通しているのは、なぜなのだろうと考えるようになった。

そして、それは福島に限らず、地方で活力ある地域づくりを行なう上で不可欠ななにかを示しているのではないかと感じるようになっていった。つまり、維新、自由民権運動でも示された、伝統にこだわりつつも、未知を拓く「フクシマモデル」と言ってもいい挑戦の形がそこにはあるように思えたのだ。

まず共通するのは、世代に関係なく、ほとんどの人たちがフェイスブックなどSNSを活用していることだ。

普段の生産活動、取り組みが日常的にわかり、現場での課題や問題も共有できる。それにより、地方と地方、都市と地方の距離を超えて、同じ町に暮らす人間同士のような感覚を育てる。また、地域内の人にも、いま何をしているか、何にかかわっているのかを知らせ、共有し合うことができる。

SNSについては、個人情報の流出や同質性を求めて排他的になるといった弊害も言われている。確かにそうした側面は問題だが、活用次第では、いま述べたような交流空間として、現実の時間と距離（空間）を超える力があるのだ。

次に、業種や取り組みに限らず、地域でリーダーの役割を担う人、もしくは、仲間の存在があることも共通している。

それも、かつてのような「オレについて来い」のトップダウン型の強引なリーダーではなく、聞き上手であり、相手の理解や変化を待つことができる調整型のリーダーだ。

それでいながら、未来への設計図はしっかりと持っている。しかし、それに固執しない。周囲の状況に応じて変更する。だが、目指すところは変えない。その実現のために時間をかけることを厭わない。自分の商売や同業種内だけでなく、地域のいろいろな役を引き受けている。

それが、リーダーが目指すビジョンを地域に広く伝えることにつながり、サポートする人材を集めることにもなる。ちょっと抜けたところもあり、欠点もあるが、それが周囲に愛されている。だが、自分の仕事には熟練し、しっかり成果を出している。

さらに、彼らは青年期に一度、地域を離れた経験がある。しかし、主として、親の高齢化、健康上の理由などから、稼業を継ぐために帰郷している、もしくは、震災・原子力災害を契機に、親世代を助けたいと故郷に戻っている。あるいは、都会から移住、定住し、原子力災害があっても離れないでいる。つまり、地域愛が根底にあり、地域だけの視点ではなく、他の地域や都市から見た視点、見識を持っている。

地域全体でみると、こうしたリーダーに触発され、業種や分野を異にしながら、新たなリーダーが複数生まれている。あるいは、リーダー予備軍といってもいい、仲間や後輩たちが登場してきている。その結果、異業種や多分野との連携が円滑で、地域を面として刷新していく力がつくられていっている。個々人が業種の中だけに縛られていないのだ。

次世代へつなぐべき大切な何か

これから紹介する人・団体・企業はそれぞれに違いはあるし、カラーも一色ではない。だが、いま述べたような共通点はいずれにも見ることができる。

そして何よりも、自分さえよければいいという考えがないことだ。

自分以外の人を生かす、活躍の場をみつけてやる、つまり、相手を引き立たせるような役回りを引き受けている。そして、仲間だけでなく、自分が暮らす地域すべての人たちのことを常にどこかで意識し、地域としてよくならなければ楽しくない、おもしろくないと考えていることだ。

言い換えれば、その地域をかつてのように人がつながり、活力ある姿に再生したいという願いが根底にあるのだ。そのために、地域の親世代がつくり上げてきた土台を受け継ぎ、守りたい。しかしそれだけでは、地域は復活しはしない。

原子力災害は地域から人を遠ざけた。これから先、原子力災害と向き合い続ける中で、守るだけでは地域の再生はできない。それが、彼らの様々な挑戦を生む原動力になっている。

その一番は、自分が暮らし、働く、その地域だ。本当に強い、地域愛が彼らとその仲間を支えている。それも原子力災害という苦難をきっかけとして生まれたものだ。

すでに気がついた方もいるだろう。

彼らが再生、復活させようとしているのは、いまではもう失われたと言われる、この国の元気だった地方の原風景だ。

それはもう戻らないという識者は多い。都市がすべてを囲い込む時代へ向かっているという評論家も少なくない。だが、ぼくが福島で見てきた人々の姿は、そのような地方論など吹き飛ばすほどの元気さだ。

確かに、時代も原風景もかつてと同じように戻りはしない。失われていくもの、失われたものも少なくない。だが、土や森、海や川といった自然を抱きながら、それを守り、生かし、次世代へとつなぐ挑戦までも失われたら、ぼくら都市に生きる人間の次世代へつなぐべき大切な何かは行き詰まるだろう。人と人が、自然と人が、都市と地方が深くかかわりあってこそつなげられる何か、社会や国のあるべき姿、世界と自国のつながりの基本となるべきものも、失われていくのではないだろうか。

彼らのつくる復活へ向けたフクシマモデルは、ぼくらに、そう問いかけている。

第二章

フクシマモデルには復活への公式がある

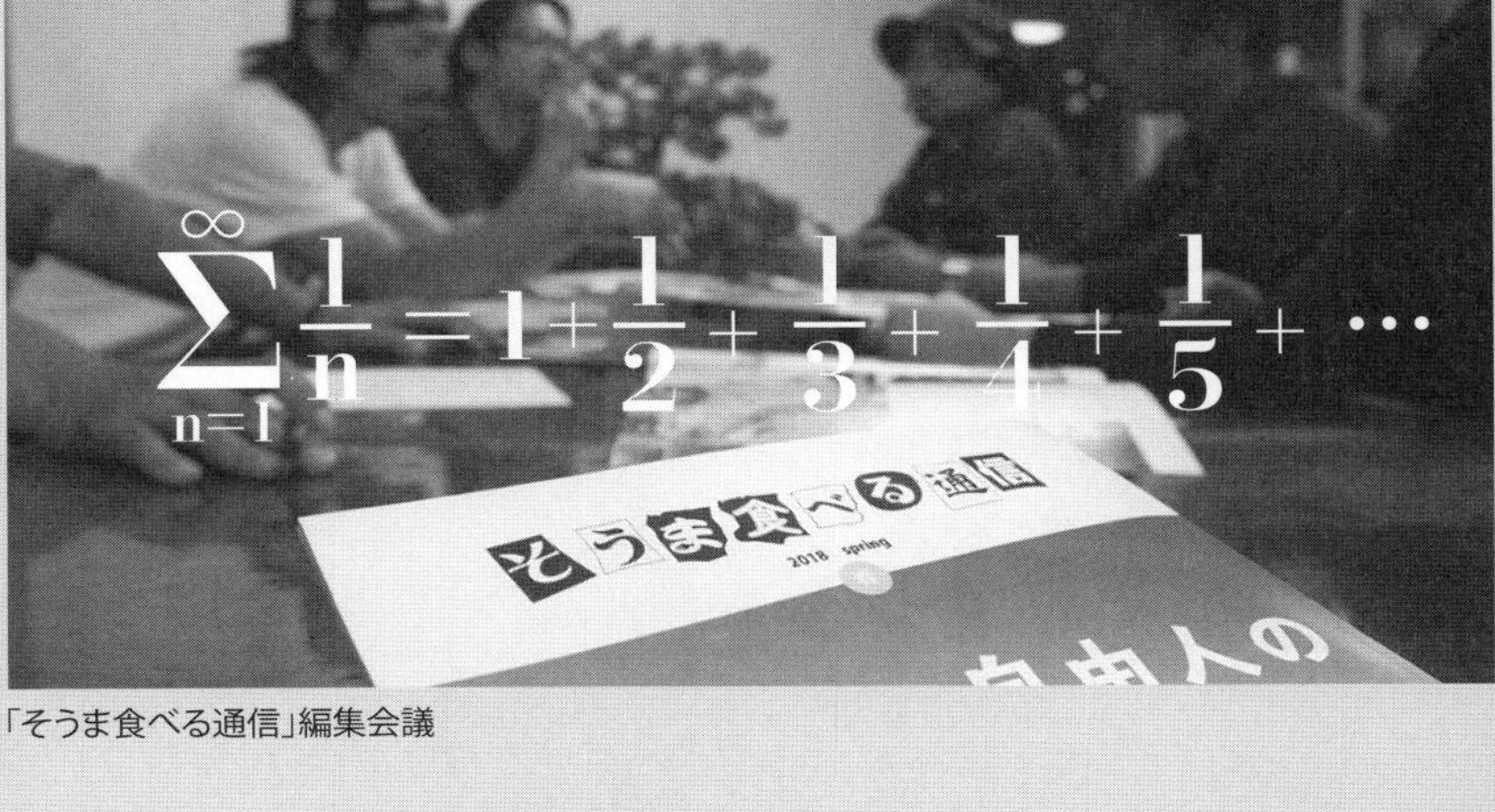

「そうま食べる通信」編集会議

一 相馬を変えた、ひとりの漁師の挑戦

噂の男・菊地基文との出会い

「ぜひ会ってもらいたいです。きっと、すごく共鳴し合うと思いますから！」

震災から一年ほど経った頃、福島県の仕事で県内を取材している女性にそう言われた。自分で企画し、制作したニュースペーパーを見せ、相馬の若いひとりの漁師の活動を事細かに説明してくれたのだ。

記事の写真には、長身のイケメンながら、どこか人な

相馬双葉漁協青壮年部顧問　菊地基文

っこそうな笑顔の男が写っていた。

その男、菊地《きくち》基文《もとふみ》と会ったのは、それからさらに一年が過ぎた頃のことだ。当時はまだ三〇代半ばだった。仲間のNPO法人が福島県の事業で、天王洲アイルにある高級中華料理店を借りて、相馬の食材を使ったイベントを開催した。

送られてきた招待状を見ると、そこに、ぼくらのイベントに出店してもらい、相馬市で取材もした、相馬のおんちゃまこと、水産加工センシン食品社長の高橋永真《たかはしながまさ》さんと菊地基文の名前があった。NPO仲間には悪いが、そのイベントよりも噂の男に会うために、ぼくは出掛けていったのだ。

会場で探すと、その男は、喫煙のできるドアの片隅で、高校生が隠れてするように、長身の背中を少し丸めてタバコを吸っていた。

「おまえが、菊地か！」あまりに彼のことを聞かされていたせいもあって、ぼくは初対面であることを忘れていた。いきなりの呼び捨てだ。呼ばれた本人は驚くはずだが、そんな様子もない。実は……と簡単にいきさつを話し、

「これが終わったら飲みに行くぜ。」と、強引に誘った。

「いいっすけど。」と、戸惑う様子もなかった。

それが、その後浜通りでの活動や本業の仕事で事あるごとに力を貸してもらうことになる相馬の漁師、菊地基文との出会いだった。

本来なら、その日の最終で相馬に帰る予定だったらしい。それをいいからと、高橋さんと基文、それに相馬で活動をやり、ぼくが出会う前から彼らを知っている女性と四人で浜松町駅ビルの居酒屋で零時近くまで飲んだ。

盃を重ねながら、語り合ったのは、言うまでもなく震災・原子力災害を逆手に取り、復興ではなく「再生」「新生」を目指さなくては未来など拓けないという、これまで述べてきたような話だ。支援される、するの関係ではない、自立した人間同士の対等な協働の話だ。粗削りな地方の魅力を自信と誇りをもって発信していく挑戦の話だ。

話の最中ぼくらは、酔った勢いもあり、「そう！　それ！」と互いに大声を出しながら、何度も握手を交わした。

それまでぼくは、福島のこれからについて、自分とはかなり年齢の離れた若い世代で、これほど意見が一致する人間に出会ったことがなかった。おそらくそれは、基文も同じだったろう。

「なかなかその世代の人にわかってもらないですよねぇ……。」

ぼくの年齢を聞いて、半ば驚いたように返してきた言葉がそれを語っていた。

その頃、彼は漁協組合でつらい立場にあった。本人にしてみれば、つらいというより、自分の思いがどうしたら周囲にわかってもらえるようになるだろうと模索する日々だったのだろう。

危機感、そして行動

東日本大震災は、岩手、宮城、福島の漁業を始め、水産業に壊滅的な被害をもたらした。そこに畳みかけるようにして起きた原発事故。福島だけでなく、東北三県の水産関係者には致命的ともいえる打撃だった。

基文も家を流され、船も破損した。幸いにして、家族や身内は無事だった。幼い子どものいる彼の家族は、原子力災害から逃れるように、避難住宅を転々とし、秋田まで一時避難している。基文自身は、行方不明者の捜索、漁港の瓦礫の撤去作業や漁具の修復、横転し座礁した底引き網漁の持ち船「清昭丸」の引き揚げと改修作業で、すぐに相馬に戻った。

見る影もない漁港。瓦礫に埋まった松川浦、原釜の海。海岸線に広がる、残骸のような町の風景……。そこで瓦礫の撤去作業をしながら薄暮の海を見て、彼は思った。

「このままでは相馬から笑いが消える……。」

不謹慎に笑い話にしているのではない。基文が当時、考えていたことをぼくが要約し、わかりやすく表現するとこうなる。

津波被害と原子力災害は、そうやすやすと漁の再開を許さないだろう。いつ操業できるかわらない状態が続けば、若い漁師たちは去っていく。いい働き口があれば、相馬から離れていく者も出てくるだろう。そうなれば、港の活気も賑わいも戻ることはない。つまり、相馬から笑顔が消える。

寒流と暖流がぶつかる潮目のある福島沖の魚は「常磐《じょうばん》もの」と言われ、その質、味の良さで震災前まで築地でも最高値がつくほどだった。その中でも宮城県に近い、福島県の北部に位置する相馬沖には二〇〇種以上の魚が群生する漁場がある。魚の宝庫だ。

ぼくも本業の仕事で、彼が船主の清昭丸に一日だけ無理やり乗せてもらったが、底引き網漁の過酷な重労働を見て、時化の海でもこれが五日以上続くのが当たり前だったという震災前を想像し、いかに漁師という仕事が大変かを感じた。

きつい仕事だ。だが、常磐ものというブランドは、それに見合う収入を約束してくれていた。相馬の若い漁師は震災前、がんばれば二〇代でも家一軒が建てられた。当然、漁師になりたいと思う若者も多くなる。そして、厳しい仕事でも同世代の仲間がいれば、相馬から離れない。だが、若い世代を惹きつけていたものが、そのときなくなった。しかも、ただ操業開始を待つだけの生活は、若い世代だからこそ長くは持ちこたえられない。

漁のできないいまだから、操業が開始されたときのために、備えるべきことがあるはずだ。漁がなくても、若い世代が海とつながっていられる取り組みがあるはずだ。それがなければ、相馬の漁業は終わる。

もう漁から引退を考え始める年齢の世代は、漁業補償をもらってそれで終わりでいいかもしれないが、若い連中はそうはいかない。相馬の血液ともいえる産業だった漁業が失われてしまえば、相馬の町の賑わいも消えてしまう……。

基文は、人々がまだ落胆や諦めさえ抱き、復旧のことだけで頭がいっぱいだったその時期に、すでにそうした危機感を抱いていた。

そして、友人の仲買仲卸の飯塚哲生《いいづかてつお》と「どんこのつみれ汁」を開発し、県内外で頻繁に実施されていた、いわゆる復興イベントに参加し、販売するようになったのだ。

どんこ（エゾイソアイナメ）は、浜通り地域では地元めしと言っていいほど馴染みのある魚だ。値が安い割に、調理次第で驚くほどうまい。相馬のどんこが使えないので他県のものを仕入れ、二〇代の頃、先輩たちのまかない飯担当で身につけた調理の腕を振るった。

そうやって全国を回るうちに、それまであり得なかった末端の消費者とじかにふれあう体験を重ねていったのだ。被災地の漁師として講演やトークショーにも呼ばれるようになり、彼はある手ごたえを感じたのだと思う。

それは、どんこのような高級ではない地元の魚でも、味がよければ受け入れられること。自分たち漁師が知っていて消費者が知らないために市場に乗らない、埋もれたうまい魚があること。それを漁師が自ら伝えると、風評も関係なしに消費者が目を輝かせて喜んでくれることだ。

組合や若い漁師の会合で基文は、漁のできないいまだから、若い世代の漁師のことや先のことを考えて、いままで漁師がしてこなかった消費者と直接ふれあう取り組みや相馬の魚のうまさ、知られていない魚のうまさ、価値を高める活動をやろうと声を上げた。

しかし、これまで漁だけやっていれば十二分に生活ができていた世代に、それはすぐに受け入れられるものではなかった。まして、まだ漁港も漁協施設の復旧もいつになるかわらない状態だ。「それどころじゃない」という空気が基文を圧倒した。彼は、仲間から賛同を得られず、四面楚歌に置かれた。

「いいことだから、賛同した」

「もっちゃんの考え、いいでねぇか！」

基文に賛同の声を上げたのは、小型船漁の青壮年部にいた松下護《まつしたまもる》だった。

外見はまさにザ・漁師。厳つい体型に、グローブのようにでかい手。ラグビーをやらせたくなるような男だ。頸椎骨折でも平気で仕事をしていた猛者だ。同世代の仲間からは「まもる」とか、「まもるさん」とか呼ばれているが、ぼくは「まっちゃん」と呼んでいる。

基文とまっちゃんは、それまで個人的な付き合いはなかった。漁が底引き網漁と小型船漁で違いがあり、それぞれに青壮年部があって、同じ組合にいても、何かを一緒にやるような関係でもなかったからだ。

おそらく、基文は意外だったに違いない。だが、まっちゃんが賛同していると知って、声をかける。

「本操業になったとき、操業やってきてねぇから、震災前より漁獲は上がっかもしんねぇけど、

相馬双葉漁協６次化推進協議会
小型船チームリーダー　松下 護

魚価は震災前より高くなんのは相当難しい。自分たちが死ぬ思いして取ってきた魚が安値で叩かれたら、悔しいべぇ？　そしたら、オレらだけじゃなく、オレらより若いやつなんて漁師なんてやんねぇべ。」

基文の言葉にまっちゃんも頷いた。

「だからって、量とって稼ごうとしたら、資源もなくなる。だったら、資源を守ることも考えて、ほかの相馬の魚の価値あげればいいことだべ。」

基文の言葉に頷き返し続けたのは、実は、まっちゃんも、このまま漁の再開を待つだけでは、若い漁師や漁師を目指す若い世代がいなくなるという危機感を持っていたからだ。

「もっちゃんが組合の集まりで言ったことは、いいことだから賛同したんですよ。そしたら、今度は、オレが攻められたんだけど、それでも正しいものは、正しいから。」

当時のことを取材すると、まっちゃんはしっかり覚えていて、笑いながらそう返してきた。

それが転機を生んだ。

それぞれの青壮年部で賛同するものが出始め、どんこ汁の販売に参加するようになった。参加してみると、客とふれあうおもしろさを知るようになる。売上の儲けは、慰安旅行に充てた。これまでやらなかったことの楽しさを知った。そして、青壮年で一緒に何かやることが珍しいことではなくなっていったのだ。

試験操業が開始されると、相馬の魚を使って新たな商品開発も始めた。企業の助成金で、青壮年の漁師たちが六次化産業商品（水産業者が取った魚を使って作った加工食品）を誕生させたのだ。

二〇二〇年内に開設予定の新しい海産物直売所には、彼らの商品が並んでいることだろう。テスト販売の商品を食べたが、開発に時間をかけ、素材をいちばん知る漁師たちだからこそできた商品なので、その味は抜群にうまかった。ぼくらのスタディツアーでもふるまってもらったが、参加した首都圏のみなさんのアンケートでも大好評だった。

「商品開発は、本操業になったとき稼げなくなっても、生活の足しになるようにと考えていたんです。原価の安い魚でも、調理加工次第で利益を稼げっから。」

原子力災害で相馬が向き合うことになるその先のことが、基文の頭には常にある。

こうした活動が定着し、頻繁に話し合う時間を持つことで、いつしか若い漁師たちそれぞれが相馬や漁業のこれからのことを考えるようになった。やがて、相馬漁協と相馬の青壮年の活動は、周囲の注目を集めるようになり、いろいろな取材やイベント協力の依頼が来るようになっていく。

震災当時はなかなか周囲に理解されなかったものの、基文が頭に描いていた、本操業のできないいまだからこそ取り組もうと考えた新しい取り組みは、そうやって形になっている。

先輩だから、年長だからと若い世代に無理強いせず、自ら参加したい、やってみたいと思う彼の自発的な行動を待つ姿勢が、同じ志を持つまっちゃんと出会わせ、結果的に相馬の青壮年たちを変えていったのだと思う。

ぼくと出会ったのは、その挑戦が始まって間もない頃だった。それが、「なかなかその世代の人にわかってもらないですよねぇ……。」という言葉につながっていたのだ。


こうした漁協の取り組みをする中で基文は、漁業だけでなく、相馬という地域全体が業種や分野を超えて、原子力災害と向き合うことが必要だと気づき始める。

原子力災害による生活被害を嘆き、ただ誰かを責めるだけで自分たちが前向きに行動しなければ、「再生」「新生」どころか震災・原子力災害の前以上に疲弊した町になってしまわないか。自分たちそれぞれの生活の場で、何か挑戦できることはないだろうか……。

そう考え、行動する同世代との出会いがあったからだ。

それはなぜか、中学、高校と同じ学校に通いながら挨拶を交わす程度でいた同級生や先輩たちだった。あるいは、学校は違うが同級生としてよく知る人間だった。その彼らが自分と同じように、有志を集め、相馬のこれからを真剣に考えている。基文は、観光、土木、農業など、これまでかかわることのなかった業種で同じような志を持ち、果敢に新しいことに挑戦している仲間の存在を知ったのだ。

漁業と観光の連携、漁業と農業が一緒になって相馬を発信する取り組み。相馬の食の魅力を通して他地域の人と連携する挑戦。行政と一緒になって地域活力の再生、新生へ向け、協働する事業……。

そうしたことを可能にしたのは、震災・原子力災害によって目覚めた同世代のリーダーたちとの出会いだった。

二 リーダーたちの出会いが化学反応を起こした

売れるものが何もない

「お尻に火がついたんですよ。それがなければ、いままで通りの観光業しかできてなかったですよ。」

管野《かんの》貴拓《たかひろ》は、小一時間ほどの取材の終わりにそう言って笑った。ホテルのロビーから見渡せる松川浦の海はそろそろ暮れ始めていた。

松川浦大橋を眺望できる松川浦漁港の突端、宇田川と小泉川が太平洋と交わる河口近く、相馬漁協からも

相馬市松川浦観光振興グループ
事務局長　管野貴拓

ほど近いところに「ホテルみなとや」がある。基文の所属する底引き網漁船団の係留地のすぐ目の前だ。

ホテルの経営者で、相馬市松川浦観光振興グループの事務局長が管野貴拓。

松川浦は、その地形から多様な生き物が生息する、豊かな潟湖《せきこ》（湾口が砂州によって外海から隔てられてできた浅い湖）だ。特にあさりや青のり生産は有名で、福島県内ばかりでなく、他県や首都圏からも潮干狩りや海産物を求めて来訪する客で賑わっていた。

特に、暖流の影響で東北でありながらほとんど積雪がない冬場には、ズワイガニを目当てに客が集中した。震災前の最盛期なら、ホテルみなとやには、冬場を中心に年間一万三千人ほどの宿泊・日帰り利用客があった。これは、松川浦に臨む他の宿泊施設も同じで、カニを始め、相馬の漁業がもたらす海産物が観光の目玉だったのだ。それが、原子力災害による操業自粛で全く提供できなくなった。

売れるものが何もない……。津波被害だけなら、それに悩むこともなかっただろう。時間はかかっても、ホテル施設や港の修復が終われば、その先が見えた。だが、経験したことのない原子力災害は、その先の何一つ、見えなくさせていた。

貴拓の「お尻に火がついいんたんですよ。」は、それを言っている。だが、これは相馬に限ったことではない。福島のすべての港町とその周辺観光地が同じ試練に直面していた。

貴拓と基文は、福島県立相馬高校の一つ違いの先輩、後輩の間柄だ。中学も同じで、互いに顔はよく知っていた。

基文に言わせれば、当時の貴拓は、とても気安く声をかけられるような存在ではなく、「近寄ったら危ねぇ人」と周囲に思われていたらしい。貴拓が『ビー・バップ・ハイスクール』ばりに、〝メンチを切って〟(にらみをきかせて)歩いてからだ。

貴拓に言わせれば、「そうでもなかったべよ〜」ということになるが、思春期の貴拓が、いまからは想像できないほど無口だったのは確かなようだ。

卒業後はそれぞれの進路を歩み、数年後、貴拓も基文も親の稼業を継いだ。

漁師と観光ホテルの経営者は、何かでたまたま会うことがあっても挨拶程度で、これといった交流があったわけではない。しかし、震災・原子力災害が二人を互いに引き寄せた。その要因は、このままでは相馬の漁業、観光が終わってしまうという同じ危機感だった。

思春期にメンチ切っていた男が

貴拓は震災直後、被災した松川浦のホテル、旅館、飲食店の復旧費用のため、補助金交付の申請に走り回っていた。施設の修復、復旧費用に国の補助金があることも知らず、このままでは廃業するしかないと考える同業者仲間も少なくなかったからだ。

観光地の宿泊施設は、施設の保全や仕入れなどの資金繰りのため、何がしか借金がある。そこに復旧のための新たな借金が重なれば、とても経営を維持できない。まして、操業自粛で観光の目玉がなくなっては、借金返済の目途は全く立たないのだ。

国の補助金交付の条件は、震災後、復旧復興のために組織された団体であることだった。既存の観光協会や旅館組合では申請を受け付けてもらえなかった。貴拓は、松川浦の観光業者仲間に声をかけ、補助金申請のために組織をつくった。

それが、「相馬市松川浦観光振興グループ」だ。貴拓はそこで最年少で事務局長を任されている。だが、実働は貴拓が声をかけ、若手後継者でつくる「しらす会」が担っている。

補助金申請のためにつくった団体だが、旅館組合、観光協会の事務局長も兼務する貴拓は、協会役員の先輩たちに「しらす会」の若い世代に観光推進を任せてもらえないだろうかと相談したのだ。地域活力の回復も補助の要件の一つだったからだ。

観光協会の高齢世代の人たちも、これまで通り営業していれば相馬の魚や松川浦の潮干狩り、景観を目的に客が来てくれ、旅行代理店の企画に乗っていれば団体客が来ていた震災前のような状態はもはや望めないと理解できていたのだろう。松川浦の施設営業は続けながらも、県内の別の場所に新たな施設を設ける経営者もいた。

貴拓の見事さは、世代間の相違を調整する能力や地域の自治会など、関係団体への根回しのうまさ、事が起きても要領よく場を収める力だ。思春期に〝メンチ切って〟いたとはとても思えない柔軟さ、腰の低さ、人当たりの良さは相馬でも右に出る者はいない。基文が、そこには嫉妬するくらいだ。

貴拓は協会の承認を得て、仲間たちとこれまでのような他に頼った観光誘客ではなく、自ら企画し、代理店や企業、団体、学校に提案できるツアーの実現へ向けて動き出す。

だが、宿がない。宿泊施設の修復ができていないからではない。

旅館、ホテルは軒並み、相馬市及びその周辺の復旧工事の土木作業員や原発作業員、除染作業員を長期で受け入れ、空き部屋がなかったからだ。

震災直後から三、四年ほどの間、福島の浜通り地域の海岸線に近い宿泊施設は、港湾や防波堤の工事、津波被害地域の瓦礫撤去と造成、高台移転などに伴う整備、復興住宅建設、そして、原発や除染作業員、原発企業関係者の受け入れで宿泊施設はほぼ満杯の状態だった。原発事故対応の前線基地となったいわき市などは、湯本の温泉旅館を始め、駅周辺のホテルがしばらくは原発作業員で溢れ返っていた。

皮肉なことに、津波被害と原子力災害で観光資源を奪われながら、浜通りの宿泊施設は、その復旧のためにバブル状態になっていたのだ。

当時から、そうした作業員を受け入れて経営を維持するか、いや、それをしていたら、一時はいいかもしれないが一般客を泊められなくなり、工事が終わった後厳しい経営状況に立たされると、受け入れを拒む施設に分かれていた。あるいは、その間をとって一部を受け入れながら、一般客への宿泊営業は続けるという施設もあった。目の前の売り上げをとるか、先を見越して耐えるか……。選択を迫られていたのだ。

松川浦の宿泊施設は、いまは一部受けれと全面受け入れに分かれているが、震災後しばらくは、すべて作業員を受け入れ、急場を凌ぐ選択をしていた。

そこで貴拓たちが考えたのが、「復興チャレンジグルメ」だ。松川浦の宿泊施設や飲食店がそれぞれ特別メニューを開発し、日帰りの観光客に提供するという企画だ。

貴拓のねらいは、まず、松川浦の観光施設が、震災後すでに営業を開始していることを広く知ってもらうことだった。何もしないでいたら、松川浦が原子力災害で危険な場所と誤解され、忘れられてしまうという危機感がそうさせた。

操業自粛の間は、他県産の魚介類を使った。試験操業が開始されてからは、水揚げ量が少ないので提供には限りがあるが、相馬の魚も使うようになり、食事をしてもらうだけでなく、磯遊びや漁船での疑似漁体験、漁師との食事会といった日帰りながら体験型のツアーへと成長させていった。

現在は、作業員の宿泊を受け入れながら、週末一般客の宿泊受け入れも行っている。

「あ、見つけた！　いい奴と出会った」

貴拓と基文が、これまでにない取り組みをやろうと意気投合したのは、その企画が貴拓の頭にあった頃だ。

震災後、相馬の様々な業種、分野の若い世代が集まり、意見交換する機会があちらこちらで開かれていた。相馬に入って活動を始めたＮＰＯやボランティア団体が主催する青壮年の集まりや、相馬市がサポートして開催する意見交換会などだ。

いずれも相馬の復興計画や相馬のこれからをどうしていくかの話し合いの場だった。

貴拓は、そうした会合の場で基文と初めて同席する。

「震災前と同じことしていても、相馬は疲弊していくだけだ。」という基文の考えに共鳴した。自分が挑戦しようとしている観光の取り組みと同じ志があった。

「あ、見つけた！　いい奴と出会った。そう思ったんですよ。」

貴拓は、そのときのことを笑いながら、そう回想する。中学、高校と一緒でも、確かに二人は、その時初めて出会ったのかもしれない。

自分と同じ考えを持ち、漁協青壮年部にいる基文の存在は、新しい企画をつくり始めていた貴拓にとって、まさに渡りに船だった。

以来、貴拓が企画した体験型の観光ツアーに基文が協力し、漁協がらみの食のイベントや他地域からのスタディツアーでの食の提供などで、貴拓が基文に協力するという関係が出来上がる。基文を通して、貴拓は小型船漁のおもしろい漁師たちに出会うこともできた。

「魚は売れねぇけど、漁師自体が観光資源になる。そう思ったんですよ。」

貴拓の観光での挑戦は、基文が青壮年部で始めようとしていたことに力を与えただろう。また、貴拓も基文の姿は、自分の挑戦への励みになったと思う。

貴拓は、環境省・復興庁が進める三陸海岸復興国立公園を核とした被災地三県の観光活性化事業に松川浦地域を取り組み対象とするため、「エコツーリズム」のガイド資格の勉強をしている。モニターツアーにも参加。松川浦の食や観光、環境の良さを発掘し、地域内外の人にその良さを伝えるツアープランもつくったのだ。三年掛かりの挑戦だった。

また、南相馬市にある県の地方振興局から提案のあった福島第一原発の視察学習を行なう「復興視察ツアー」の実現へ向けた取り組みも、試験的なモニターツアー実施にまで漕ぎつけている。

原子力災害で傷ついた福島の現実を学んでもらうことで、自然の大切さに改めて気づき、環境学習のできる場として松川浦を活用してもらえる日が来ることを期待しているのだ。

補助事業ではあるが、いずれも動き出せばツアーアレンジができ、松川浦での宿泊を絡めたオリジナルプランとして提供することができるものだ。

いまは宿泊付きのツアーではないが、土木や除染関係の作業員の受け入れがなくなったとき、新たな宿泊ツアーとして提供するために、それだけの準備と取り組みをしている。本操業の目途が立たない中、地域のホテル、旅館、飲食店舗がこれから先々、全体で良くなっていかなければ、ホテルみなとやのこれからもないと考えているからだ。

貴拓は観光関連の事務局をすべて兼務しているため、宿泊申し込みの各施設への振り分けもやっている。予約が入ると、彼は、売上が落ちていそうな施設に優先して客を回し、ホテルみなとやはいつも後回しだ。

エコツーリズムのガイドの勉強で山梨県の山林に行ったことがある。自然学習ツアーでの勉強だった。そこの高齢のガイドさんは何を聞かれても即座に答えていた。その見識に驚き、そして、いままでの自分を恥ずかしいと思った。

「オレら魚で人、呼んでたけど、魚のこと、なぁも知らなかったなって思いました。魚、出して、お客さんのお世話して、それだけだったなぁって。」

松川浦が生き残るために挑戦する男は、震災・原子力災害前の自分たちの観光と向き合う姿勢の浅さに気づき、松川浦という自然の大切さに改めて目覚めている。

貴拓と基文は、いま相馬市と民間で新たにつくる直売所開設にもかかわっている。二人が参加することで、そこには、きっと、相馬の多様な分野の魅力が詰め込まれた、いままでどこにもなかった直売所の姿が現れるだろう。

「貴拓くんです。ぼくが面倒みてる先輩です。」

基文は、貴拓を人に紹介するとき、このセリフをよく使う。高校時代だったらとてもじゃないが言えなかったセリフだ。

貴拓はその度に「言っときますけど、オレの方が先輩ですから。」とつっこみを入れる。貴拓はいま、人ではなく、原子力災害にメンチを切っているのかもしれない。

熱くまじめで一本気な男

基文には、貴拓と同じように、震災後の若い世代の集まりで改めて出会ったもうひとりの男がいる。

同級の小幡《こわた》広宣《ひろのぶ》だ。土木工事業の㈱広栄土木の経営者だ。創刊から五年目を迎える一般社団法人「そうま食べる通信」の代表理事で、基文と共同編集長も務めている。

小幡の会社の経営理念に、「誰もが安心して暮らせる地域づくりに貢献し、『そうま』に深く根差した会社を創ります」とあるくらい、「そうま」つまり、相馬双葉地域への思いが深い。「そうま食べる通信」の「そうま」が、〈相馬〉でなく、〈そうま〉となっているのは、ひらがな

広栄土木代表取締役　小幡広宣

にすることで、相馬だけでなく、相双地域を表しているからだ。

原発事故が発生したとき、現在も一部が帰宅困難地域になっている双葉郡の人たちばかりでなく、相馬双葉地域、いわき市など浜通りの住民の多くが避難した。取材に来ていたマスコミ、大企業の支社、支店にも本社から避難命令が出ている。町は、もぬけの殻状態になるほどだった。経験したことのない原子力災害。その脅威がどれほどのものか、誰にも予測できなかったからだ。

しかし、仕事の使命感でそこに残る人もわずかだが、いた。そうした人に当時の心境を聞くと、「ここで死ぬ覚悟だった……」と当時を振り返る人がほとんどだ。あのとき、生死を掛ける覚悟の戦いが市街でも起きていた。

以前、小幡に「原子力災害を乗り越える力は何か?」と訊いたことがある。すると彼は、「地域愛」と答えた。原発事故当時、小幡は瓦礫の撤去作業を続けながら、その土地を動こうとはしなかった。

「相馬以外の場所で死ぬくらいなら、相馬に残って死にたい。そう思ってました。」

小幡の言葉は、そのまま彼の性格をよく表している。熱く、まじめで、一本気な男だ。

人をおもしろがらせることばかり考えている劇場型の基文とは全く正反対と言ってもいい。

それが、震災後の集まりで再会し語り合う内に、相馬のこれからのために一緒におもしれぇことやろうと意気投合した。

基文は、自分にはない、細かなところに目配りのできる小幡の堅実な人柄に惹かれたのだと思う。小幡は、基文の発想の自由さ、どんな状況でも楽しく陽気にやることを大事にする姿に魅力を感じたのだろう。

基文は震災後、漁協青壮年部の活動とは別に、環境問題を考えるＮＰＯ法人も立ち上げていた。環境問題の講演会をしたり、子どもたちに環境学習や体験をさせたりする取り組みを行なっていたのだ。原発事故、原子力災害をそうやって地域の教訓にしようとしていた。

小幡は、基文に声をかけられてその活動のサポートをしているうちに、より一層、相馬のこれからを熱く語り合うようになっていった。

浜に住まない小幡は子どもの頃から、陽気で活気溢れた、浜で暮らす人々に憧れを抱いていたらしい。基文との出会いは、浜の人間として自分が認められる喜びにもつながっていたのだ。それが、他の場面ではリーダーとして充分前に立つこともできる小幡という男を、基文と協力して何かをやるときには、見事な調整役に変えていた。

そんな時、相馬で「『食べる通信』をやってみないか?」という話が舞い込んで来る。

「食べる通信」とは、地域のクリエーターが自ら地域にこだわる生産者を発掘、取材して雑誌にまとめ、生産者の物産を付録にして契約した会員に販売するというものだ。都会や他地域で暮らす人が、食を通じて地方の生産者とつながり、都市生活のあり方を見直す。地域をその地域の人がより知ることで、地元への自信や誇りを持とうという趣旨のものだ。ネット販売の「ポケットマルシェ」では、「食べる通信」をベースに、紹介された産品の購入ができるしくみになっている。

母体は、高橋博之《たかはしひろゆき》が代表を務める「一般社団法人日本食べるリーグ」だが、その運営は、「食べる通信」を発行するそれぞれの地域に任されている。

相馬の農水産物の食を紹介することで、相馬に関心を持ってもらうという、「食べる通信」の趣旨は、基文と小幡を動かした。だが、漁協や相馬市関連の団体に所属し、いくつも役を持っていた基文は、編集長の責任が果たせる状態ではなかった。小幡が代表になり、基文は小幡と共同編集長として名を連ねることになった。

編集部には、小幡、基文の友人、仲間で、時間の自由のある自営業者を集めた。どんこのつみれ汁で一緒に活動し、「食べる通信」創刊の話を持ってきた、飯塚哲生。相馬のおんちゃま・高橋永真の長男、高橋大膳《たかはしたいぜん》。基文の性格をよく知る、幼馴染の愛澤伸一郎《あいざわしんいちろう》など、立場は違えど問題意識が高く、相馬愛で志を同じくする連中だ。みんな素人だ。雑誌の取材も編集もやったことはない。

「外部のプロに頼んだら楽だけど、『そうま食べる通信』は、編集や文章、デザインは粗削りでも、志のある仲間でやりたかったんです。志が同じ者同士でやらなければ、オレらの気持ち、伝わらないと思ったんですよ。」

基文がそう言ったように、自分たちの思いの伝わるものをつくろうということになった。技術はいずれ身に付いてくる。だが、相馬愛は、それを持つ者でないと伝えられない。

小幡は、「金のことは自分が責任を持つ」と宣言した。最初にそれをはっきりさせておかないと、後でいろいろと問題が出る。そうした不安や仲たがいの要因を消して置きたかった。

「赤字が出ても、五十万くらい。それより、『食べる通信』をやることで、いままで出会わなかったいろいろな人に出会え、仲間と意見を交わしながら地域に役立つことができる。そんなありがたい、楽しいことはないですよ。」

小幡が代表として全体のまとめ役で、編集部の活動を支える。基文が企画案や編集方針を考える。二人の個性を生かした役割分担が、〈相馬色〉、〈そうま食〉をしっかりと伝える雑誌に成長させていった。

実はぼくも「そうま食べる通信」の登録会員になっているが、この雑誌は参加している登録会員の熱量が高い。いわば、熱狂的な相馬ファンクラブになっている。

もちろん、小幡も基文もそれを目指してこの事業を始めている。それだけに、年一度の東京での感謝祭や夏の相馬ツアーでの会員への心配りが徹底している。本業がある中、そこまでやっていては大変だろうと、ぼくは時々、心配になるくらいだ。だが、応援してくれる人たちへの感謝の念の方が、編集部のメンバーには遥かに強い。いわば、同志の集まりだからだ。

小幡も基文も、発行部数は三百部、つまり登録会員は三百名までと決めている。それ以上になったら、自分たちの組織では対応できないからだ。規模を目指せば、売り上げを伸ばすことが目的になってしまう。それでは本来の目的と違ってくる。やっている自分たちも楽しくない。あく

「そうま食べる通信」発行誌

まで、それぞれの本業の中で相馬のこれからに挑戦することが、彼らの目指す本道だ。

小幡はいま、自分の本業の㈱広栄土木の企業経営を通じて、より一層、企業として相馬に貢献しようと挑戦している。地域の雇用促進を考えて、新入社員を増やし、土木業で生活の基盤整備に役立とうと精力的に事業を拡大しているのだ。

原発廃炉にかかわる中間貯蔵施設の放射能検査作業もこれからの仕事として取り組みを始めた。原発廃炉も地域のために必要な仕事と考えているからだ。

「企業がないと地方、地域はよくならない。経済が動かないと始まらないですよ。」

小幡には、その信念がある。微力でも地域経済での貢献も果たしたいのだ。だから、いまやっている土木業だけにこだわっていない。「そうま食べる通信」や仕事のネットワークで出会った人とのつながりを生かし、地域に貢献できることがあれば、農業でも、漁業でも何にでも取り組もうとしている。

一方で、地域の清掃奉仕、農家の畑やソーラーパネル周辺の草刈りなどをほぼ無償で行なっている。都内の児童養護施設の子どもたちを受け入れ、体験ホームステイのボランティア活動をし、熊本の震災では支援物資を積んでトラックで駆け付けた。

台風十九号の洪水被害では重機を使って、無償で復旧に取り組んだ。困っている人がいたら、支援してもらった恩返しとして、何かをしないではいれられない。小幡はそういう男だ。

小幡の目線では、社会奉仕、地域貢献と会社経営は同じ所にある。自分よりまず他人を考える。貴拓にも共通するそれが小幡にもある。

小幡という男のそうした男気、一本気な相馬愛。それを一番知り、認めているのが、人前では小幡の生真面目さを「ほんと、こいつ、石みてぇに固いっすからぁ。」と笑いのネタにする基文なのだ。

「食べる」ことの意味を知る男

「誰、呼びますか?」

「ほら、あのミルキーエッグの有機やってる奴。あいつ、どうかな?」

「連絡してみます。」

基文と出会って、ぼくは、ＭＯＶＥのスタディツアーを相馬や南相馬でも開催するようになった。

何かの縁で福島の人と出会い、おもしろい挑戦をしている、先進的な考えを持つ人や団体があると、ぼくは必ず、そこに行くようにしている。

基文との出会いもそうで、彼と出会ってから、ぼくらの事業への協力依頼や実施へ向けた打ち合わせなどで、頻繁に相馬市に行くようになった。

その時も、基文と打ち合わせがあり、夜、会うことになった。せっかくだから、他の誰かを呼ぼうという話になって、ならば、震災後、相馬で農業を始めたという青年に会いたいと思ったのだ。

それが、有機栽培農家、ミルキーエッグ（こだわり平飼い・自然卵）や相馬の伝統野菜、相馬土垂《どだれ》（里芋）の復活栽培で知られる、大野村農園代表の菊地将兵《きくちしょうへい》との出会いだ。三十歳になったばかりの年齢だったと思う。

彼のことも人伝てに、相馬でおもしろい挑戦をしている若い農

大野村農園代表　菊地将兵

ミルキーエッグ

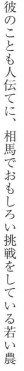

家青年がいると聞かされていた。

基文からも聞いていたように、会ってみると、熱い男だった。自分の考え、主張がはっきりしている。

なぜ、震災後に始めたのか。なぜ、有機なのか。どういう農家を目指しているのか。その一つひとつに、将兵の志すものと相馬への思いが伝わってきた。そして、そう考えるきっかけになった東京での体験とその受け止め方も素晴らしかった。ただの農家ではない……。そうぼくに思わせた。


将兵は、高校時代にひきこもり経験がある。

その時期に、祖父母の畑を手伝わされている。母子家庭で、母親は働きに出て家にいなかった。それ以前からだろうが、ひきこもって、母親との確執は一層激しくなった。将兵は、祖父母に預けられて暮らしていたのだ。「学

大野村農園の販売品

校に行かないで何もすることがないなら、手伝え」と祖父に言われ、農業に触れる。

農業を手伝ううちに、ひきこもりから抜け出す気持ちが芽生えていったらしい。祖父母は学校へ行けとも言わず、行かない将兵を叱ることもしなかった。自分を責められることのない安息の時間と、いのちを育てること、そのいのちをいただく経験をしたことで、彼の中で何かが変わったのかもしれない。

家を出た将兵はプロレスラーに憧れ、本気で目指そうとしていた時期もある。その道は難しいとわかると、子どもの頃から好きだった漫画家を目指した。

漫画家になるために上京し、生活費を稼ぐために万引きGメンの仕事をしながらの生活が始まった。しかしそこで見たのは、高齢のおばあさんや主婦の万引きする姿、その背後にある貧しさや心の闇だった。さらに、それを罰するだけで誰も手を差し伸べない、都会の姿だった。

「農家で育った自分には、食べられないということが信じられなかったです。それを助けようとする人がいないことにも驚かされました。」

将兵は、それを機に、ＮＰＯの人たちに混じり、ホームレス生活者への炊き出しボランティアに参加するようになる。

その頃から、「食べる」ということの大きな意味に気づき始めた。食がすべての人に行きわたる社会、それをつくるために農業にはできることと大きな役割がある。自分がひきこもりに苦しんでいたとき農業が癒してくれたように、ただ作物をつくるだけではなく、農業で人の心にある闇や傷を回復させることもできるのではないか。

そう思い始めていたとき、震災が起きた。

街の人々が、店先に並んだ福島の野菜には手を伸ばさず、他県産のものを買っていく。相馬のじいちゃんやばあちゃん、農家の人が必死につくっている野菜がまるでゴミのように扱われている。悔しいと思った。将兵は農業をやろうと決める。

原子力災害に襲われた福島だからこそ、自然にも人にもやさしい有機農業を自分の生まれた相馬でやろうと決めたのだ。

全国各地の有機農家を回って農法を覚え、研修先の農家で知り合った女性を連れて相馬に戻った。まだ、震災からそう時間が経っていない頃のことだ。

だが、つくっても売れない。売れても、その値段は信じられないほどの安さだ。しばらくは、コンビニや運送の手伝いなど、アルバイトをしながらの農業だった。

売値の安い野菜だけでは、そこから抜け出せない。将兵は野菜だけでなく、養鶏もやろうと決める。有機の養鶏農家を訪ね、勉強して、小さな規模から始めた。

勉強する中で、江戸期から昭和初期まで、海のある地域では、漁港に水揚げされても値が付かない魚や水産加工で出る頭や骨、切り捨てになる身を発酵させて、鶏の餌にしていたことを知った。資源をひとつも無駄にしない。循環型農業だ。

「海のある相馬だからできることだと思いました。農業と漁業をつないで、それで卵が売れていけば、相馬の両方の良さを伝えることになるんじゃないかと思ったんです。」

将兵は水産加工業者や仲卸会社を回り、ゴミとして捨てられる魚のアラを集め鶏の肥料にして、ビニールハウス方式の放し飼い養鶏を本格化させる。そうして採れた卵は、味が濃く、クリーミーだと評判になった。卵に名前を付けた。それが、大野村農園のブランド卵「ミルキーエッグ」だ。

最初は地元の知り合いや仲間の若い農家、わずかに地域で応援してくれる人たちに知られる程度のものでしかなかった。その頃、将兵の心意気に感じ、集まって来たのが、小幡や基文だ。

小幡は、将兵の畑の整備や重機が必要な作業の手間賃として、卵を駄賃代わりに協力した。「そうま食べる通信」でも将兵の特集をやっている。

基文は、顧客への配送を手伝った。仲間の集まりがあると、将兵を誘い、異分野、異業種の人間と出会わせた。将兵という気骨のある農家が相馬にいると知ってもらえれば、いつかそれが、将兵の財産になると考えていたのだろう。

二人を通して、農家仲間以外にも多くの知り合いができ、将兵の生み出す有機野菜や卵で、さらにつながるという関係ができていった。将兵の取り組みも話題になり、相馬の実状や生産者の声を、「食」を通じて、地域外の人、首都圏の人に伝える講演やトークショーにも招かれるようになった。

基文と将兵がそうした場に一緒に登壇する場も少なくない。貴拓は、観光の新たな事業に農業も絡めていきたいと考え、その最初は、将兵とやろうと考えている。

原子力災害の一番厳しい時期に、「あえて」ではなく、「だからこそ」という気概で農業を始め、相馬の土、土地、自然が生み出す農業にこだわり続けていたからこそできた人の輪だ。

将兵はそのこだわりを、いまはだれも生産しなくなった伝統野菜、相馬土垂（里芋）の復活で形にした。数年前から店舗販売も始めている。農家仲間の売り先の目途がつかない農産物も並べているが、そこを充実させるためには、雇用が必要になる。今後は、有機米の生産にも着手したい。自分の農業を相馬に広げ、定着させていくためにも、人材育成のための雇用環境を整えなくてはいけない。そのために、有機米の生産と販売は大きな糧になる。

農業が人を癒し、心の闇や傷を回復させる力があるのではないかとの思いも実践している。

将兵のところには、ネットの情報を見て全国、世界から人が集まってきている。農業を目指す人間から、ただ農業を体験してみたかったという若い世代まで、様々な動機でやってくる。アメリカ、オランダ、オーストラリア、ドイツ、台湾、ベトナムなど様々の国からも来る。世界に相馬の魅力を発信し、福島への誤解、偏見を正す、小さな基地になっているのだ。

多くは農業体験を楽しんで帰っていく。だが、社会に生きづらさを感じ、受け入れてもらえない寂しさ、諦めを抱いて、モラトリアムな場と時間が欲しくて来ている者も少なくない。時には、生活に困窮した若い母親が子ども連れで、明日から行くところがないと訪ねて来ることもある。

将兵は、そうした人たちの居場所づくりも、これから時間をかけて考えていきたいと思っている。ミルキーエッグの売り上げから一パックにつき30円を、食の得られない人たちをサポートする団体に寄付しているのも、そのひとつだ。

「ぼくは農業をやっているんじゃないです。農業を通じて、社会や地域のあり方を変えて行きたいんです。」

将兵と会った頃、彼は、明確にぼくにそう言った。

将兵の目指すものは、基文、貴拓、小幡と同じものだ。そして、彼らの目指すものに将兵は欠かせない存在になっている。将兵にとってもそれは同じだ。目覚めた者同士が、それぞれに仲間をつくり、業種や分野を超えて、つながり、変革を起こす。ぼくは、その光景を相馬で目の当たりにした。そして、彼らの挑戦と、ＭＯＶＥの「原子力災害があった福島だからこそできる活動、取り組みがあるはずだ」という思いはまったく同じ地平、未来を見ている。

基文に始まった思いが仲間に広がり、やがて、これまでつながっていなかった業種や人を結び付け、その輪は、将兵のようなさらに若い世代に広がっていった。さらに、それに続くリーダー予備軍も育っている。それらによって、相馬は県外の人たちからも、「特別な場所」になり始めている。

来訪する人たちの目的は、まず、彼らに会うことなのだ。彼らが絶対の自信と誇りをもって薦める、相馬の食を楽しむことだ。生産の現場を体験して、自分が特別な場所の一員として受け入れられていることの喜びを感じることだ。そこにいけば、特別な人が特別な場と時間を与えてくれる。だが、それは都市的な何かではない。相馬にしかないものだ。

魅了されて新たな仲間が

茨城県の出身で相馬に定住した黒田夏貴《くろだなつき》も、相馬の彼らがつくる、そこにしかないものに魅了されたひとりだ。

みんなからは、なっちゃんと呼ばれている。東北三県のボランティア活動が縁で相馬に定住し、ＮＰＯの専従として災害公営住宅や避難住宅に住む人のサポートに携わってきた。いまは、双葉郡を対象とする復興員として、関係人口増大を促進する各地域の行政をサポートしている。

その傍ら、昨年から「そうま食べる通信」の編集員に加わった。細かなところに目が行き届き、男たちが忙しくて気づかない、もしくは忘れていた仕事の穴を埋めている。

参加する前から、なっちゃんには憧れの集団だったらしい。以前から基文や貴拓、将兵、小幡などを知っていたこともある。

「なんか、キラキラして楽しそうだなって思って見てました。みんな、それぞれの世界のスター

「そうま食べる通信」編集員　黒田夏貴

ですから。」

なっちゃんが感じたそれは、おそらく彼らがつくる特別な場所の人、時間のおもしろさなのだ。それらが、もう相馬から離れることは考えられないという気持ちを彼女につくらせている。がちゃがちゃした男たちの、おかしくておもしろい世界は、これからまた新たなステージを迎えるときが来るだろう。そのとき、なっちゃんのような人材がより必要になる。そして、この地域外から、なっちゃんを目指す人が現れるときがくるような気がする。

相馬の彼らを知るほどに、ぼくはそこに、地方が都市に迎合せず生きていける公式があるのではないかと考えるようになった。

誰かが立ち上がれば、他の分野からも、地域を愛し、地域の誇りを発信するリーダーたちが現れ、それが化学反応を起こす。そして、地域外の人たちも参加して、地域の再生、新生が、これまでとは全く違う新しい形で成し遂げられる。

その公式が、そこにはあるような予感がしたのだ。

三 相馬に見る復活への公式

その10項目

ここまで紹介した相馬の若い世代による震災・原子力災害を契機に始まった挑戦は、決して相馬だけのものではない。福島の各地で起きていることだ。

ただ、相馬の青壮年の姿は、福島で起きている変化と新生への実現に導く気概や志を紐解く上で、一つの典型になるのではないかと思う。

また、一人のリーダーや企業、団体だけが牽引するのではなく、市井の若者たちが横のつながりを拡大していくことで地域全体への広がりを持つという点で、多くの地方、地域の参考にもなると思う。

すでに述べてきたことだが、その特徴的な点を改めて項目にし、整理してみたい。地域活力と新生のために必要な公式が見えてくるのではないだろうか。

①　地域愛の熱量の高さ
②　地域の伝統・生活文化の継承意欲の高さ
③　リーダーたちの問題意識と志の高さ
④　リーダーたちの発信力の高さ
⑤　リーダーたちの利他意識の高さ
⑥　リーダーたちの連携度の高さ
⑦　化学反応の質の高さ
⑧　企画力と独創性、誘引力の高さ
⑨　自発性・自主性の高さ
⑩　ネット・ＳＮＳへのリテラシーの高さ

整理するとおおよそ、こうした特徴が項目として浮かびあがってくる。

相馬で見ると、まず、すべてに共通して①と②がある。彼らが相馬に、震災前以上の活力と相馬にしかない魅力をつくりあげようとする基本にあるものだ。これが根底にあることで、③から⑩までの項目の取り組みを支えている。

③～⑥はそのまま⑦の度数を決定している。

つまり、③＋④＋⑤＋⑥＝⑦だ。相馬の場合は、地域に複数のリーダーが存在し、一人ではないことが大きい。

理由は、すでにお分かりの方もいるだろうが、③の問題意識と都市に迎合しない志の高さや⑤の利他意識の高さは同じだが、④の発信力の高さや⑥の連携を実現していく度数の高さは一様ではない。菊地基文のキャラクターに支えられている部分も大きい。一方で小幡のような堅実さが必要な場面も多い。いわば、互いの能力を補い合う形があることが、すべての項目で高い値を示すことにつながっているのだ。

⑧から⑩の項目は、③から⑥＝⑦をより大きく振動、共鳴させる。つまり、地域内外へ、伝え、拡散していく力だ。

音楽で音が倍化していく拡散、振動がそうであるように、地域内外へ広げる力だ。（数学でたとえれば、調和級数の無限に拡大していく公式

〈$\sum_{n=1}^{\infty}\frac{1}{n}=1+\frac{1}{2}+\frac{1}{3}+\frac{1}{4}+\frac{1}{5}+\cdots$〉の$\frac{1}{n}$のnに当たる。）

特に、⑨の自主性、自発性の高さは、行政や団体といった組織に指示される形ではなく、個人や仲間の意志が行動を起こさせ、だからこそ、自由な発想で既存の価値観に縛られない取り組みを実現させている。

それがまた、やっている自分たちも楽しいという「場と空間（時間）の創造」につながっている。

そして、ここでも複数のリーダーがいることで、すべての項目で補い合う形ができている。

こうした項目と項目の相互の結びつきで導かれるものは、何なのか。それにより何がもたらされてくるのか。あるいは、どのような地域の活力、新生の度合いを証明する解答が現れるのか。

それはきっと、こうだ。

《あなたの地域はすべての人にとって、「特別な場所」であり得ているか》

この問いに対する答えを逆算すれば、いま述べた十項目の度合い、度数の証明にもなる。

この答えは、相馬に来訪する人たちの動機としても、すでに述べていることだ。だが、同時に、そこに生きる人たちにとっても、そうあり得ているのか。それがすべて、この公式につながっている。

地域の再生、新生とは、これをどう証明するかにかかっている。ぼくは相馬を見ていて思う。すべての基本になる地域愛の熱量の高さについては、これまで折々に述べてきた。ここでは、地域愛が生まれている要因を、菊地基文と菊地将兵の家族の履歴から拾って、この章の終わりにしたい。

理想は、おやじのような人間

基文の地域愛の原点にあるのは、父、清照《きよてる》だ。基文が大学を卒業する頃、亡くなっている。

もともと、菊地家は代々続く網元の家で、浜の名家。

まっちゃんが、基文をよく知る前、「家柄のいい坊ちゃんで、跡継ぐ気がなかったなんて、最初っから漁師目指してたオレには許せながっだ――。」と言う所以だ。

祖父、基《もとい》の代にそこから分家して漁業者になっている。基文の名は、祖父からとったものだ。父の清照は、高校ラグビーで実績を挙げ、明治大学ラグビー部への進学を目指したが反対され、やむなく稼業を継いだ。あるときエンジン整備中の事故で片足を切断し、漁には出られない体になってしまった。しかし、船は手放さず、船主として経営は続けていた。もし息子が継ぐことがあったら、という思いだったに違いない。

海に出なくなった時間で、清照は事業を始めた。

いくつかの失敗を経験した後、発泡スチロール箱に目を付け、販売権を持ったことで事業が軌道に乗る。

木箱で魚をやり取りしていた時代だ。いまではどこの市場でも当たり前になっているが、相馬で始めたのは、清照だった。一社独占販売でいかようにも利益を上げられたのだが、一箱の儲けはわずか数円の価格にした。地域の水産業者が出荷コストを抑えられるように配慮し、利益が行き渡るようにと考えたのだ。

「いくら儲かる仕事でも、うちは人の食卓よりおかず一品多いぐらいで丁度いい。」

その言葉が基文にはいまも遺っている。

菊地家一家　中央が清照（右端が基文）

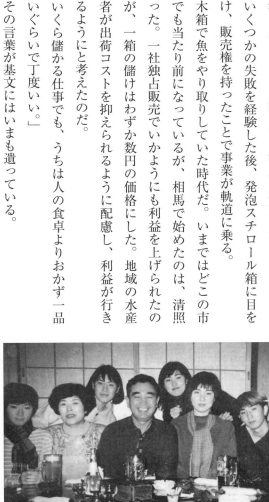

実際、清照も地域の役をいつも引き受け、家には毎晩、人が入れ替わり、立ち替わり出入りしていた。嫌がることもなく、人の相談に乗り、面倒をみた。地域で清照の名を知らない人はいないほどだ。経営の苦しい飲食店に仲間を連れて足繁く通うこともあったらしい。

人の輪の中で、家族といる清照はいつも笑っていた。

相馬の水産加工業者ばかりでなく、福島県漁協やいわきの業者にもその名は知られ、五十一歳という若さで亡くなったときは、浜通りの多くの人がその死を悼んだという。

いまの基文を見ると、同じようにいくつも地域の役を引き受け、漁協の若い世代を支えるだけでなく、地域の様々な青壮年に役立つ役回りを果たしている。

良き親を持った子どもには共通することかもしれない。

清照は、自分が目標の道へ進めなかったこともあり、基文に漁師を継げとは強制しなかった。大学に行くときも、いろいろな人と出会って成長して来い、そう言って送り出している。

基文も清照が亡くなるとわかるまでは、いまのように父の後姿を追いかける人生を考えていたわけではない。追いかけるにしても、漁業とは別の世界で実現したいと考えていたようだ。

しかし、消えゆく時間を生きる父に、せめて何か恩返しと思って、つい出た言葉が「後を継ぐから……。」だった。

父の死がなければ、陸の上では陽気でも一旦船に乗るといのちを賭ける漁師の厳しい世界で、下積みの苦労を乗り越えられなかったかもしれない。その覚悟は、相馬に帰ってすぐ、相馬の伝統芸能、原釜神楽に自ら参加したことでも示されている。

神楽は、子どもの頃から父に連れられて行った、祭りの華だった。

漁師町原釜を始め、相馬双葉地域のシンボルであり、先祖代々、受け継がれてきた地域文化だ。父の跡を継ぐことは、漁師町の伝統文化も受け継ぐことを意味していた。また、自分がいるからには、かつてのような賑わいを取り戻してみせると考えていたのかもしれない。

「オレの理想は、おやじのような人間になることっすから。」

基文は、誰にでもはっきりそう言っている。

「オレ、おふくろのことも、めっちゃ好きですから。顔合わせると、何だよって、嫌な顔しているけど、むちゃ、

原釜神楽

好きなんです。」

これは、めったに人に言っていない。

古い歌だが、吉田拓郎の歌に「ふるさと」という歌がある。

おやじを愛し　おふくろを愛し
姉貴を　兄貴を愛し　そして自分を愛して
ふるさとが好き　生まれたとこが好き
育ててくれた町が好き　そして　自分が好きさ
（作詞吉田拓郎）

当たり前のことだが、地域愛の最初にあるのは、親、兄弟、家族への思いだろう。それが祖父母、その先の先祖とのつながりを伝え、そうした人たちが築いてきた地域とそれを支えてきた自然を疎かにしてはいけないという気持ちを育てる。

津波と原子力災害は、このつながりの中で、自分たちが生きていることを強く被災地の人々に実感させた。

だが、ぼくらの社会は、それが成立しにくい時代を迎えて久しい。人は流動し、生まれ育った場所で生きる人、生きられる人は少なくなっている。家族の形も多様になった。それはこれからも加速、急増していくだろう。

理解し合えるはずの家族が、家族であるがゆえに軋轢を生み、諍い、時に密室での暴力や虐待の温床となる。家族が壊れる。それは地域を愛する心も壊れるということなのだ。

共通する原点

菊地将兵は、思春期の母との確執をまだ乗り越えていない。自分を置いていなくなった父はもう他人にしか思えない。

だが、孫の誕生日にプレゼントを持参し、アルバイトさせてと、将兵の畑で働く母を受け入れ、農家の家に育った母の手際のよさを研修生に自慢している。父には敬語しか使えないし、いまさら話すこともないが、孫に会いに来るなと言うことはない。

将兵は、基文とはまた違った意味で、自分をつくった父母を愛しているのでないのかと思う。傷は癒えていなくても、将兵の深い相馬愛の原点にはそれが屈折してあるような気がするのだ。

求めていた親の愛をいま相馬で、彼は自分の家族と仲間をつくることで復活させようとしているように、ぼくには見える。

自分も自分を育てた親や家族も奪われる。そして、すべてが失われる。あるいはその危機に直面する。その体験の中で、形を変え、姿を別にしながら、それぞれに地域愛に目覚めた結果がいまの彼らの源点になっている。

だからこそ、公式は、すべての人にこう証明を問うのだ。

《あなたの地域はすべての人にとって、「特別な場所」であり得ているか》

第三章

地域を軸にする強さと誇り

下平窪子どもじゃんがら念仏踊り

一

特別な場所にするために

伝統文化・地域をブランディングする

二〇一一年、四月。会津には桜が舞っていた。

その年もいつものように関東より少し遅い春が来ていた。初めての会津だった。

戊辰戦争の激戦地、会津若松市は、東北や関東甲信越の中学校にとっては修学旅行のメッカだ。桜の時期は鶴ヶ城（会津城）や白虎隊が自刃した飯盛山などは、普段なら観光客で溢れている。

鶴ヶ城（会津城）

しかし、そこに人影はまったくなかった。

市内の公共施設や東山温泉の旅館には、原発事故のため、転々と避難場所を移動させられてきた、双葉郡の大熊町、双葉町の方々がいた。

壊滅状態のいわき市の小名浜漁港、町ごと津波に浚われた豊間、薄磯の海岸地域を視察して、夜遅く、会津若松市に入り、翌朝から地元自治会長さんに案内されて、二次支援になる物資を避難所に届けに行ったときのことだ。

会津はまずいことになる……。そのとき、直感した。

修学旅行は軒並みキャンセルが続き、農産物も出荷制限が始まっていた。山菜の季節なのに、原子力災害でまったく提供できない。観光を大きな拠り所としている会津若松市だ。それは致命的だった。

その帰路、郡山の避難所、白河、須賀川の地震で倒壊、半壊した家屋、溜池の決壊による洪水被害、陥没した道路の状況を見て回った。

いわきだけではない、会津、中通りにも活動を広げなくては……。

ぼくらＭＯＶＥがいわき市だけでなく、福島全県での活動を考えることになる最初のきっかけになった。

震災の年、港区と東京ミッドタウンの協力で「大いわき祭」を実施したが、二〇一二年は、規模を拡大し、同じ港区檜町公園で「福島・東北祭り」の開催を決めた。

MOVEがこれまで活動を続け、県内全域に拡大していくことができた背景には、このイベントの実施と実績、そこでの出会いが大きい。

イベントは開催して終わりではない。

そこでの人の出会いを次にどうつなぐかの方が遙かに重要だ。主催するぼくらが、参加してくれた人とのつながりをつくり出さなければ、参加した福島の人たち、福島の食、文化、人と首都圏の人たちを日常的に結ぶことなどできはしない。

事業の実施に当たり、ぼくは三度、会津若松市を訪ねた。

三度というのは、最初に支援物資を届けに行った後、五月にも同じ目的で再訪したからだ。そこで出会ったのが、NPO法人会津地域連携センターの稲生《いのお》孝之《たかゆき》理事長だ。年齢はぼくより少し下の五十代。稲生さんは違うと言うが、ほぼ同世代だ。

イベントで知己を得て、翌二〇一三年、二月に実施する「会津若松応援バスツアー」のコーディネートも稲生さんにお願いした。その後、毎年、県内各地で実施するようになったぼくらのスタディツアーの始まりだ。

その手配でまた会津若松市を訪ね、初めて稲生さんとじっくり語り合う時間が持てた。

稲生さんは、人柄が温厚で、シティボーイの匂いがする。東京生まれで小学一年まで暮らしていた。会津の高校を出て福島大学から再び東京で会社勤めをしている。そのせいなのか、当初から妙にウマが合い、話が弾んだ。

本業でも観光業に携わり、NPOでは、会津地域の「まちの駅」をネットワークする活動をされているので、外からのお客さんにじつに丁寧な対応をされる。

その日も、ツアーで回る観光スポットをぼくの事前学習のため案内してくださった。

初めて鶴ヶ城を訪ねたときだ。官軍の砲撃を受け、もはや崩れ落ちんばかりになった会津戦争直後の鶴ヶ城の写真を見た。ぼくはハッとなった。しかし、そのときは、何食わぬ顔で稲生さんの説明を聞いていたと思う。

夜、稲生さんと飲み、締めに会津若松市のB級グルメ「会津カレー焼きそば」を食べたことがないと言うぼくを、店に連れて行ってくれた。カウンター席に並んで酒を酌み交わし、福島、会津のこれからについてあれこれ語っていたとき、これは話しておくべきだろうと、ぼくは遠慮がちに話を始めた。

「稲生さん。実は……。ぼくは福岡市出身ですが、本籍は佐賀なんです。そう。肥前鍋島藩です。」

つまり、一五〇年前の会津戦争で会津藩を攻めた側だ。しかも、鶴ヶ城を崩壊寸前にまでに攻撃した大砲は、国産初のアームストロング砲。鍋島藩だけが所有していた。

「その大砲の開発者は、鍋島藩の重臣の息子、ぼくの先祖です。」

戦闘では、かなりの劣勢ながら敗北していなかったにも関わらず、松平容保《まつだいらかたもり》に、「もはや、これまで……」と言わせた大砲は、一五〇年前、当時、西洋の最先端技術を導入し、国内最大の軍事力を持っていた鍋島藩が開発したものだ。

稲生さんの表情が一瞬変わったので少し身構えたが、それは幸いにして、敵を見る眼ではなかった。

「会津の人に言ってよいことなのかどうか、迷いましたが……。」

ぼくがそう言うと、稲生さんは、予想もしていなかった稲生家のことを語り出した。

「そうでしたか……。実はね。うちの先祖は、保科正之《ほしなまさゆき》の重臣のひとりだったんです。」

今度は、ぼくが驚いた表情に変わった。だが、稲生さんは身構えなかった。人間のできが違うと思った。

保科正之は会津藩の祖。その家老が稲生家。ぼくの先祖は肥前鍋島藩の重臣。それは、ある可能性を稲生さんとぼくに感じさせた。つまり、一五〇年前、稲生さんとぼくの先祖は会津戦争で戦い、その後、戦後処理の会談の席にもいた可能性すらある。

稲生さんもぼくも不思議な縁と巡り合わせを感じ、なぜかしみじみとした空気に包まれた。

「不思議ですね……。一五〇年前、敵味方に分かれていた人間の子孫が、いま福島の再生と未来について、どうしたらいいか冗談を交えて語り合い、一緒に行動している。」

「ほんとですねぇ……。一五〇年前の戦後処理でもそうだったのかもしれませんよ。」

ぼくは、稲生さんと出会ってすぐから遠慮なく冗談を言い合え、妙に息が合った理由が、そのとき、わかったような気がした。

以来、会津で何かあると、稲生さんにいろいろとお手間をおかけしている。忙しい中でも稲生さんは、連絡すると必ず時間をとってくださる。ありがたい限りだが、なぜか、稲生さんには遠慮なく、無理をお願いできるのだ。ぼくの好みを察してか、美しい笑顔の陰に会津魂を持つ、気骨ある人気芸妓《げいぎ》さんたちを紹介してくれたのも稲生さんだ。

さすが保科家の家老、稲生家。会津の花柳界は得意分野なのだ。

おかげで、ぼくらMOVEは、浜通りでは㈱おのざき、中通りではホテルハマツに支部をお願いしているが、会津には支部を持っていない。稲生さんがいるからだ。これも一五〇年前の先祖の出会いのおかげだと思っている。

インバウンドの名を借りて地域を組み直す

稲生さんは、観光地のみやげ品の企画開発と販売を手掛ける山鹿興産㈱を経営している。

本業がそうだから、震災前から会津の伝統工芸など地域物産のブランディングを手掛けていた。いつ行っても観光地で提供されるものが同じ顔では、地域は益々衰えていく。「まちの駅」をつなぐＮＰＯを始めたのも、会津地域でつながり、地域全体で観光を刷新し、活力あるものに変えなくてはという危機感があったからだろう。

まさにそれに取り組んでいる最中の震災だった。

稲生さんが頼りとしていた会津の伝統工芸を始め、伝統技術のものづくりとその発信の場である観光が積み木のように崩れていった。

会津若松市は、幸いにして地震による大規模被害は免れている。だが、先に述べたように、原発事故による福島への忌避感が観光地である会津若松を直撃したのだ。県内の観光地すべて

会津地域連携センター
理事長　稲生孝之

そうだ。だが、会津はその比重が最も高い。

突然襲ってきた原子力災害に、伝統工芸、観光にかかわる人たちが意気消沈し、地域活性化への挑戦意欲もなくし始めている。宿泊観光の要、東山温泉は、原発地域から避難した住民の受け入れ宿泊施設になり、観光の再生を考えるどころではない。中には、ホテル施設を避難所専用に改修すると言い出すところまで出てきた。

「このままでは、まずいことになる。それは思いましたね。いま思えば、それが私を突き動かしたのだと思います。」

稲生さんは、震災前から進めていた漆、会津木綿、木工、陶器、漆器といった地域の伝統工芸に新たな光を当て、いままで以上にその価値を高める開発をやめなかった。そこに原子力災害で打ちひしがれている製造工場の経営者、技術者、職人、観光業者と交通関連会社、デザイナーを巻き込むことで、会津の伝統の灯を守ろうとしたのだと思う。

震災の翌年、大河ドラマで『八重の桜』（作・山本むつみ　制作統括・内藤愼一　主演・綾瀬はるか）の制作が決まった。原子力災害による福島への風評払拭をねらいとして、政府主導の福島支援プロジェクトの一環として行なわれたものだ。

会津十七市町村と地域の観光・交通関連団体で構成する「極上の会津プロジェクト協議会」は、

大河ドラマを、停止状態になった地域観光の復活の発火点にしようと動き出す。稲生さんも行政主導の「八重の桜プロジェクト」事業に深くかかわっていく。ぼくが稲生さんと初めて出会ったのは、ちょうどその頃のことだ。

だが、俗に「大河景気」と言わるように、問題はその後のことだ。放映前から放映終了までのしばらくは関心を集め誘客効果があっても、その後、潮が引くように来訪者はいなくなる。大河で沸くその時期に、稲生さんはすでにそれを見越し、海外からの誘客、インバウンドと交流人口増加のための取り組みを始めている。

この数年、政府主導で海外からの誘客や交流人口、関係人口増大へ向けた対策予算が組まれ、各地でその動きがあるが、それより前から稲生さんは、すでに県の上海事務所と連携し、実働に入っていた。

上海を皮切りに、北京、広州、台湾、タイに度々訪れ、現地で開催される観光博覧会などのイベントに参加している。現地の旅行代理店への営業もいち早く始めた。

ある時から、稲生さんとの会話の中に上海の話や東南アジアの話が出てくるようになったので、「このおやじ、悪さをしているな?」と、初めぼくは心の中で疑っていたのだが、よく聞くと、「すごいなぁ」に変わっていった。

奥さんは、いまでも疑っているそうだ。

疑われても続けてきた稲生さんのインバウンド、関係人口増大へ向けた挑戦の考え方は、ぼくがMOVEを始めたとき考えた、福島を世界に発信するという目標と、それをどう伝えるかという考え方に実によく似ていた。

海外に地域を発信する、興味を持ってもらう。そこにまず必要なのは、地域の人と文化と意志だ。物が先ではない。

安全、おいしいはどこにでもある。きれい、カワイイも、ただそれだけなら、いつでも似たような物に出会える。

しかし、物産は、地域の人、文化がつくる。景観は地域の自然がつくっている。つくろうとする人の意志、この景観を誇りに思い、守り続ける人の思いが働いて、いまここにある。示すのは、まず、それだ。

つまり、主語はI（アイ）だ。言い換えれば、「自分たちにしかない、ここにしかないものだぞ」という主張だ。

稲生さんの巧みなところは、これを東山温泉の芸妓さんたちで始めたことだ。

上海や台湾などのイベントで会津の芸妓さんの踊り、三味線の音曲を披露することで、人々の関心を惹き、会津の歴史や伝統、それが生んだ物産や観光を伝える手法を取った。これが大反響を生んでいる。

参加した芸妓さんたちも、海外の人々の反響に驚いたらしい。それがまた、彼女たちにも、自分たちは地域の観光の担い手になれるという自信を与え、旅館、ホテルを含め、海外の人たちに会津を「特別の場所」にするために、どうすればいいかという問いに向き合わせていく。

海外への会津発信の動画制作にも携わっている。こちらはアジア系のユーチューバーや社会貢献事業に積極的なミス・ワールドの主催団体と連携して、世界大会優勝者を登場させ、会津の食、人、観光を伝え、視聴件数百万件にも上る反響を呼んでいる。

こうした取り組みは、観光関連の協議会ばかりでなく、海外へ会津の農産品の販売促進を考える農協や商工会にも広がり、会津地域全体で同じ方向を目指す挑戦へとまとまり始めた。

要因のひとつには、原子力災害で崩れてしまった観光関連事業を再建するには、高齢化していた経営者たちには、精神面、健康面での負担が大きいと考え、世代交代を促したこともあるだろう。

そうして引き継いだ青壮年世代が、親たち世代が守ってきた地域の食・観光・伝統文化を自分たちの手で新しくブランディングしなければと危機感を共有したからだ。

数年前、「写楽」で有名な宮泉銘醸㈱を訪れたことがある。

震災後、稼業の危機を救おうと後を継いだ宮森家の長男が、これまでにない手間のかかる製造法で酒づくりに挑戦し、それを知った次男も兄を助けようと仕事を辞め、寝る間も惜しんで挑戦に参加した。若い兄弟二人が挑んだ結果、いま、なかなか手に入らない銘酒として首都圏にも知られるものが生まれた。

そして、ここでも若い世代が横につながり、互いの酒づくり情報を交換し、会津地域全体でもっといい酒、ここにしかないものをつくろうと連携が生まれているのだ。

稲生さんによると、地元東山温泉もだが、近郊の芦之湯温泉でもいまは代替わりが進み、こうした若い世代の横のつながりが、海外からの誘客を促進させ、大きな成果を挙げてきているという。

「実は、インバウンドという名前を借りて、地域を組み直す。それをやっているんです。」

稲生さんは、早くからインバウンドに挑戦してきたわけを、簡潔なその一言で言い表した。

会津に限ったことではないだろう。

日本の観光地は、すでに何十年も前から危機が言われてきた。だが、危機感はあっても歴史や昔ながらの知名度、看板に縋ることで、このままでもなんとかやっていけるのだからと、新しいことに挑戦する腰が重くなっていた。稲生さんの言う地域全体の観光資源を見直し、組み直して、国内外の人たちに、ここは「特別な場所」だと思ってもらえる挑戦に行き着かない。稲生さんにしてみれば、震災前から取り組んでいたことの延長にいまがあるだけだろうが、ぼくから見ると、原子力災害を契機に、腰を上げる先陣を切った、その功績は大きいと思う。

しかも、それが次の世代のさらなるの挑戦の環境づくりにもつながっているような気がするのだ。実際、稲生さんは、自分の地元、飯盛山周辺の観光関連店舗でつくる「いにしえ夢街道協議会」で、若い世代を何人も理事に押し出している。

会津慶山焼のやま陶㈱の二代目、曲山輝一《まがりやまてるいち》さんもその一人だ。

誇れるように地域を磨く

会津慶山焼は、蒲生氏郷《がもううじさと》が会津地方の領主だった時代に、唐津焼の職人を招いて陶器をつくらせ、定着させたものだ。戦後まもなく途絶えてしまったが、輝一さんの

やま陶　曲山輝一

父、靖男《やすお》さんが復活させた。

これも不思議なもので、佐賀を源流としている。

当然ながら、ぼくらのホームページに会津慶山焼きを紹介しようと思ったとき、それを意識していたわけではない。途絶えていた伝統工芸を復活させた工房というだけの理由だった。

二代目の輝一さんは実直で、堅実。気遣いの深い人柄だ。初めて取材でお会いしたときすぐに、二度目の会津スタディツアーの訪問先のひとつとして、彼に協力してもらおうと勝手に決めた。出会った当時、輝一さんはまだ三十代だった。

自ら多くを語る人ではない。だが、震災後からいままで、常に、陶芸を通して、稲生さんの言う地域文化の組み直し、新たな組み立てを考え、どうしたら地元に来てもらえるか。地道にそれに取り組んでいる。

やま陶店内

「ここに人に来てもらうことが一番大事です。それにより町の人の循環がよくなります。そのために、できることをやろうと思っています。」

その言葉には、地元から変わっていかなくては、外の人に「来てよかった」という満足感を与えられないという意志が隠れている。

初めて取材で訪ねたときは、会津若松市内の学校を対象とした陶芸教室の復活に力を入れていた。

震災後、外からの教育旅行がなくなり、陶芸教室もキャンセルが続いた。だが、原子力災害で地域が自信をなくしかけているいまだから、外の子どもたちでなく、まずは地元の子どもたちに地域のよさを再発見してもらいたい。そんな思いが輝一さんにあったのだと思う。

いまでは、会津以外の地域から陶芸教室を目的に来る学校が現れ、それが地元の学校にも知られ、それがまた、他の学校を呼ぶという形で、震災前よりもさらに、事業の柱の一つになり、宣伝効果も生んでいる。子どもたちばかりでなく、企業研修のひとつとして利用されるようにもなってきた。

「震災後、自分たち地域のことを学ぼうという空気が強くなっているような気がします。」

行政や教育機関、企業も次世代に地域の良さを伝えていかなければ、進路で地元に残るという選択がますます薄れていくという危機感があるからだと輝一さんは考えている。

自分たちの町は、こんなにおもしろい、つまり、「特別な場所」だということを次の世代に伝えることが大事だということだ。しかし、そのためには、そう思ってもらえる魅力を自分自身が生み出し、磨いていかなくてはいけない。

その思いもあって、輝一さんは、異分野の伝統工芸作家と「生活と工芸展」を四年前から始めた。地域を異にする漆器、からむし織の作家たちとのグループ展の形をとって年一回開催している。

互いの技術、技量を高める場としながら、複数の伝統工芸が一つになって発信することで認知度を倍加させたいというねらいもある。同時に、地域を超えて、それぞれが持つ顧客を共有していこうという考えだ。

それによって、地元の観光地に人に来てもらえる機会を増やし、交流人口、関係人口を増やしたいからだ。

それは、また、若松市内や会津地域の近隣の人たちに自分のつくる陶芸品を見てもらい、使ってもらい、直に感想や意見を聞かせてもらえる機会を増やすことにもつながる。

「お客さんの声が直接聴ける。良い悪いを含め。それは地元でないとできません。それがまた、新しいものをつくろうという力にもなります。」

陶芸家らしいと思う。

だが、輝一さんの言葉は、稲生さんが進めている、地域のブランディングにも通じているのではないだろうか。

まず、自分を含め、地元の人がいいものだと思えるものでなければ、外の人たちが興味や関心を持ってくれるはずがない。それを磨き続ける姿勢が、多くの人の共感を呼ぶのだと思う。

相馬の貴拓が三年もかけてエコツーリズムの資格を取った姿勢にも通じている。

いま、輝一さんは、陶器の重いというイメージを払拭しようとしている。和食器は若い世代に敬遠されがちという時代の流れに、会津慶山焼がどう向き合えるかという新しい課題に挑戦している。

軽量で、洋食器にも見える和モダンの陶器づくりを始めたのだ。試行錯誤の日々だと言う。

「そればかりやっていては、輝一さんの意志を継ぐ後継者もつくれないのでは?」

ぼくは冗談めかして訊いた。輝一さんは、未婚。

「陶芸と地域の話しかしないので、付き合う女性には変人と思われてしまうみたいです。」

笑いながらそう言う輝一さんの顔は、陶芸と地域のことばかり考え、コツコツと試行錯誤を積み重ねる毎日を心から楽しんでいるように見えた。

多くを語らない輝一さんだが、その先に目指すゴールは、陶芸でも地域でも、そしてプライベートでも見えていると思う。いずれにおいても、そこは、きっと「特別な場所」になるだろう。

古民家再生から地域の新生へ

広大な映画のオープンセットを見ているような錯覚に襲われた。

二〇一一年の四月初旬のことだ。夕刻を迎えようとする頃だった。

もうすぐ薄暮が迫る海には、大きな虹が掛かっていた。背後には、灯をなくした美しい灯台が立っている。まっすぐに起立したその白い立ち姿に、もうすぐ終わる太陽の薄日が少しだけ当たり、きれいな薄橙の光が載っていた。

美し過ぎる海と虹と灯台の風景。そこから視線を浜に向けると、そこには、激しい爆撃や艦砲射撃を浴びた後のような、音のしない町の光景が広がっていた。

様々にひしげ、全壊、倒壊、半壊した家屋や工場、会社の姿があった。中学校の校舎や体育館は少し傾き、沈下していた。

体育館の真ん中、一台のピアノが無言でそこにいた。裂けたカーテンが風にあおられ、ピアノの代わりに涙を奏でるように揺れていた。

倒壊した家屋が道路を塞ぐように、町中の道路の両側に競り出し、続いている。

屋根と骨組み、内装を残しただけの家屋の居間や食卓には、さっきまで、そこに人が暮らしていた残像が、卓袱台の上の置かれたままの茶碗や湯飲みの景色に、まだ感じられた。

そのときぼくは仲間たちと、いわき市の薄磯、豊間の被災した海岸にいた。誰も何も言葉にしなかった。

それが、ぼくの被災地との出会いであり、ぼくらの活動の出発点だ。

「夜の闇の中で、母を呼ぶ声、父を呼ぶ声、子どもの名を呼ぶ声がいつまでも続いておりました……。」

豊間・薄磯合同百日法要で、前豊間区長の鈴木徳夫《すずきとくお》さんが被災直後を語るその言葉が、ぼくの見た風景と重なり、そこでもまた胸が詰まったことをよく覚えている。

震災後間もない、その頃の風景から、いま薄磯、豊間の風景は大きく変わった。あのときの、あの風景は見る影もない。道路や公園が整備され、防波堤、護岸工事も終わっている。復興災害住宅も数年前に出来上がり、生活も始まった。高台に移転した人たちの住宅も次第に建ち始め、何事もない住宅街の風景へ姿を変え始めている。

浜通りの海岸線は、ほぼこのような被災を受け、同じような整備事業によって、昔の街並み、古くからあった家屋もいまは、もう見ることはできない。記憶の中に留められたままだ。

だが、その中で、住宅地の破壊を免れた港がある。いわき市の中之作だ。

江名漁港に近く、少し南に下ると小名浜漁港がある。

地形と津波の進む方向との微妙な関係で、漁港や岸壁は被害を受けたが、それが湾のすぐ前の住宅地では、床上浸水の被害で免れている。

港を目の前にするがゆえの用心の知恵がそうさせたのか、明治期に起きた大震災からの教訓からなのか、それらの家屋は道路から一段高い場所に建てられていた。

おかげで、その昔塩問屋だった古民家が、被害も床上浸水だけで、大きな被害を免れた。

地震による倒壊がなかったのは、当時の建築技術の高さ、その家で代々暮らしてきた人たちの保存、補修への気配りを示している。激震にも耐えるほど、大事に使ってきた証だ。

震災前、サイクリング好きの建築家は、小名浜から自転車を走らせながら、昔ながらのこじんまりとした港町と、そこに並ぶ小さな町の風景、古民家の佇まいに魅せられていた。

それが震災後、築二百年以上と言われる、その古民家を解体するという知らせが飛び込んで来る。

高齢の所有者が維持していくのは、もう年齢的にも難しい。そう考えたのだろう。だが、中之作の他の旧家に暮らす高齢者たちも同じことを考え、解体の話が広がっていた。震災が、そこに住み続けることの不安を呼んだのかもしれない。

中之作の出身ではない、サイクリング好き、古民家大好きの建築家は決断する。

「津波を免れた、あの中之作の風景を守りたい！」

彼は、まず、かつて塩問屋だったという、その古民家のオーナーを説得し、家を買い取った。

そして、古民家修復の手伝いを中之作の青壮年や市内外の人たちに呼び掛けた。修復作業を日曜大工のように楽しんでもらいながら、中之作の関係人口も増やそうと考えたのだ。

実は、昭和の中期まで、地域総出で旧家の修復を行なうという習慣は、各地に残っていた。家屋の修復が地域のコミュニティに支えられ、同時に支えていたのだ。建築家のねらい

NPO 法人中之作プロジェクト　豊田善幸

もそこにあった。

　修復された古民家は、「清航館」と名付けられた。

　だが、それは、彼の挑戦の始まりの一歩に過ぎなかった。

　彼はいま、中之作の古くから残されてきた家屋を外からの流入、定住人口の受け皿として生き返らせ、職住隣接で生活できる地域にしようとしている。古いものと新しいものが融合した、持続可能な場所に変えていこうと次の挑戦を始めているのだ。

　エリアリノベーションという、限界集落へ向かう地域の再生、そして、新生につながる取り組みだ。

　その建築家が、ＮＰＯ法人中之作プロジェクトの理事で、豊田設計事務所の代表、豊田《とよた》善幸《よしゆき》さんだ。

　ぼくらはウェブサイトの取材でご縁をもらい、スタディツアーの見学地として清航館を度々利用させてもらうことになった。幽霊会員のようになってしまっているが、ぼくも中

清航館

之作プロジェクトの会員の一人に登録させてもらっている。

旧家の再生と活用は、行政区域内に限界集落へ向かうエリアのある市町村の他、エコライフなど新しいライフスタイル、ビジネススタイルを提案する民間、学術団体、ＮＰＯなどで様々な取り組みとして行なわれている。

だが、高齢化が進み空き家が増える地域に、人を呼び、定着させ、その先代々受け継がれていくような生活の新しいスタイルをつくり、地域全体が持続可能なところまで持っていくといった取り組みに挑戦する人はそういない。

豊田さんも、清航館を始めた頃は、そうしたビジョンをはっきり持っていたわけではないと言う。

古民家の保存と古い家並みがつくる景観の保護が第一だった。古民家の良さ、古民家に凝縮された、地域文化への関心を高めることが目的だった。

それが、地域全体に広がれば、当然、これまで地域に訪れなかった人たち、関係人口が増えて、町は賑わう。

そのために、清航館をレンタルスペースとして提供し、地域にちなんだ文化イベントや、もち米から自分たちでつくる餅つき大会など、楽しい企画を形にして、関係人口の増加に努力した。

それを示していけば、中之作の旧家の人たちも、空き家になっている自分の所有する家屋をそうした目的に提供するようになってくれる。あるいは、住み続けるために、家屋の補修や保全を依頼してくれる。それによって中之作の景観も守られていく……。

建築家らしいと思うが、豊田さんは、そのために中之作の家屋調査もやり、地域の空き家を丹念に調べている。

中之作の空き家数は、二〇一四年の調査で約三〇〇世帯数の15%にもなる。全国平均より、2ポイント高い。市の直近の調査では、世帯数は三百世帯を切り、人口は、六五〇人を切っている。震災から八年で二割の人口が減っていた。当然、豊田さんが調査した時より、空き家数も上昇している可能性が高い。

だが、家屋の修復と再利用に提供してもらえたのは、これまでのところ、清航館以外は、二〇一九年にオープンしたカフェ「月見亭」だけだ。もちろん、それだけでも素晴らしい実績だが、豊田さんが描いていた展開には及んでいない。

ここでも建築家らしく、その要因を分析し、さらに調査を重ねた。

浮き上がってきたのは、関係人口の増大を図るだけでなく、そこで生活できる基盤をつくり、定住人口を増やす方向へビルドアップしなければ、豊田さんの理想とする景観の保護に届かないというものだ。

「そこに住む人、使う人がいなければ、高齢化は進むし、空き家は増え、いずれ解体されて行くばかりだと気づいたんです。」

豊田さんが考えているのは、こじんまりとした港町の景観の良さを感じとることのできる若いクリエーターたちを集め、安い家賃で空き家を提供し、仕事や生活をしてもらうことだ。住むためには、修復作業が必要だが、清航館や月見亭の修復で、すでに相当な技術を持つ人間が育っている。それぞれ本業は別にあるので、安い費用で修復できるのも魅力になる。

また、豊田さんたちの取り組みとして、別会社をつくり、修復した家屋を利用したゲストハウスの経営を考えてもいる。

それによって、清掃やベットメイキング、調理といったサポートサービスが必要になるが、それは中之作の中高年世代のお母さんたちの雇用にもつながる。

中之作の景観を守ることを主眼とした取り組みだから、あくまでも、旧家を利用した何かだ。そして、景観と地域の実状に合った働き方、暮らし方、使い方ができる人に住んでもらう、使ってもらうというのが条件だ。

「近所に高齢のおばぁちゃんがいたら、買い物をしてきてあげるとか、地域の清掃があれば、進んで参加するという人です。」

つまり、家を出ていった子どもたちに変わり、新たに定着した人たちが、地域の高齢者や家屋、生活環境、自然環境を守っていく仕掛けだ。ふるさと誘致事業としての体裁もあるので、定住者に対する行政からの補助やサービスも期待できる。

豊田さんは、震災から八年になるいま、新たにこれに挑戦したいと考えている。

そのために、エリアリノベーションの専門家を招き、豊田さんと危機感を共有する地域の仲間から、まだ危機感を抱けていない地域の人たちと共に学ぶ勉強会をスタートさせるという。

代々続く旧家にせよ、そうではない親世代にせよ、働いたお金の大半を家に投資した。家族みんなが住む家に。だが、それらはいま、子どもたちが戻らない、引き継がない家、資産になっている。

所有者である高齢者が亡くなれば、解体するか、売却するしかない。町から伝統文化を凝縮した家屋がなくなり、それを育んできた地域文化やコミュニティもなくなって行く。

それを豊田さんは、建築家の視点から、新しいライフスタイルを求める人たちの参加で新生していこうとしているのだ。

大規模な開発や企業の誘致、類型的で地域色を失わせていく都市整備。これに準じてつくられる、均質な家屋。それでは、もともとあった地域のコミュニティも死んでいくのではないか。それは地域そのものを失うことだ。

逆に地域に軸を置き、相馬の事例や稲生さんの取り組みのように、「I（アイ）」が主張できるような町のあり方に組み直していく。それを建築家は言いたいのでないかと、ぼくは思う。清航館から始まった、中之作を「特別な場所」にする挑戦は、都会にない豊かさを求める人たちとの協働事業へと拡大しようとしている。

挑戦のための学びの楽しさ

地域を復活させようとする挑戦は、短兵急に実現できるものではない。

まして、復活のために変えたいと思う地域は、地域そのものがつくってきたものだ。変えようとするなら、まず、地域の人たちから変わっていかなければ、その次の話は出てこない。だが、実はそこが一番難しい。

だからこそ、豊田さんは、自分と考えを同じにする人からまだ地域の課題に危機感を持てない人まで含めて、地域全体でエリアリノベーションを学ぶところからスタートさせたのだ。

相馬で見たような、いくつかの業種、分野から同じような危機感を持った複数のリーダーが現れ、仲間をつくり、自分たちにしかない「I（アイ）」を外に向けて発信するといった事例は、自分たちの地域では想像もつかないという方たちも多いと思う。そうした人材がいないと嘆く人もいる。

だが、人材は、いる。

相馬の場合、震災・原子力災害で、これからの地域に危機感を持った彼らが、やはり青壮年の意見交換の場で、互いをみつけている。あるいは、出会いの輪の中から、拾い上げている。

そして、それぞれのリーダーが、自分の考えを押し付けたり結論を先に示したりして従わせるのでなく、仲間やより若い世代が自分のやり方、考え方で自ら挑戦するサポートを当たり前のようにやっている。それが地域の青壮年を「特別な場所」づくりへの挑戦に動かしている原動力だ。

まずは地域の人々が地域の置かれた現状を学び、これをどうしたいかについて語り合い、地域の人たち自らが危機感を持って対策を考えるといった環境づくりからだ。だが、それには時間もコストもかかる。人材もいる。しかし、ここで提示しているように、必要なのは、まず、人だ。何よりも人が鍵になるのではないだろうか。

みんなの学校をつくる

「人を育てる。それが一番、難しい。どうですか。そう思いませんか?」

とても七〇代に入ったとは思えない若々しい笑い顔で、高野さんはそう言った。

りょうぜん里山がっこう
理事長　高野金助

福島県の北部、阿武隈山系にある、霊山《りょうぜん》。標高は八二五メートルほどの山だが、峻険なその山並の見事さから名峰と呼ばれ、県北を代表する山の一つだ。福島市から伊達市、相馬市を結ぶ、その中山間地域に霊山町がある。

そこで交流人口、関係人口の増大や定住サポートなど、地域の活力再生に取り組んでいるNPO法人が「りょうぜん里山がっこう」だ。理事長は、高野金助《たかのきんすけ》さん。農業を生業として霊山町に生きてきた。

ぼくの「人材育成の経験があったから、いまの里山がっこうがあるんじゃないでしょうか?」

と訊いた言葉に、「人材育成が一番難しい」と答えてくれた方だ。

お会いしたのは、県の助成事業「ふるさと・きずな維持・再生支援事業」の活動報告会だった。そこで発表された子どもたちの体験学習の活動報告を見て、すぐに声をお掛けした。ぜひ、首都圏の子どもたちを里山がっこうに案内したい。体験学習のスタディツアーを本格化させていたぼくは、飛びついた。

突然の申し出なのに、高野さんは、概要だけの説明で、その場で「いいですね」と受けてくださった。

決断が早い人だなと思った。だが、高野さんのこれまでの履歴や現在の活動を詳しく知るようになって、なるほどとぼくは納得した。

二〇年前。農業生産の現地見学に訪ねて来る人たちがあまりに多いため、見学者の説明案内会場、食事の接待場所を用意した。施設は、廃校になった中学校を移設し、工場にしていた親族から借り受けたものだそうだ。名称は、「りょうぜん里山がっこう」。

やがて、来訪する人たちや施設に集う人の中から、施設を使ったいろいろなアイディアが出てくる。廃校になった学校のスペースが、そこで何かできるのではという思いを人々に喚起したのだろう。

専門家と意見交換しながら、そうした思いをどう形にできるか検討を重ね、現在のＮＰＯの活動を始めることになった。農業生産の見学施設はその時、まさに地域のみんなの学校になったのだと思う。

高野さんは二〇代の頃から、仲間の農業青年たちと先駆的な取り組みを行なっている。産直販売。顔の見える生産者。有機農業。生産者と消費者の組織化と一体化。いまでは新しいことでも珍しいことでもないが、それらを五〇年前に考え、実現している。県内の農業者をまとめ、「ふくしま有機農業産直研究会」として組織化していった手腕は凄いと思う。

それに挑戦した一つには、既存の流通では、「自分のつくった物に、自分で値が付けられない」「つくっている人、食べている人の姿が見えない」という壁があることだ。

高野さんは、自分でつくり、自分で値を付け、自分で売る。そのために、食べてくれる組織化された消費者を持つ仕組みがなければ、農業ではとても生活できないと言う。後ほど福島の農家の取り組みで紹介するが、このシステムをつくれないと、希少性、特質性のある産物栽培でない限り、日本の農家は稼げないという烙印を免れない。

ただ、それを実現するためには、販路の開拓営業も農家がやらなくてはいけない。量を生産する規模も必要になる。質の均一化、商品管理もある。一定期間、必ず安定して納品できなくてはならない……。

天候に左右される農業では、ひとつの農家でできることではない。そこに組織が必要になる。組織を運営するには、人の教育が必要になる。この循環を高野さんは二〇代から生きてきた。

そして、その経験が、里山がっこうに息づいている。ぼくはそう思ったのだ。

里山がっこうでは、地域内での様々な活動とそこで蓄積されたノウハウを地域内外に提供するサービスをうまく融合させながら、人の育成に軸を置いてやっている。

里山がっこうの活動は、施設で行なわれる活動の主だったものだけでも、地域の自然を活用した、遊びの体験学習。女性の子育て支援。地域の農産物を使った調理体験による食育活動。女性の社会活動参加へ向けた育成。高齢者の活動、活躍の場の提供。そして、定住サポートと実に豊富だ。

こうした活動は、それぞれにプロジェクトチームがあり、チーム毎にリーダーがメンバーの意見、参加者の声を聴きながら、運営している。その中で、多様な人の意見をまとめ、生かし、課題を見つけながら、チームでどう乗り越えて行けるか、経験値を高め、プロジェクト運営はどうあるべきかを身に付けている。

里山がっこうのチーム会議やワークショップは、誰か一人が自分の考えを仲間に伝え、他の人たちはただ事務的に言われたことをやるというものではない。全員が発言し、全員で考える。全員がそれぞれの役割を主役になってこなす。

こうした会議やワークショップ、イベントなどの活動で、専門的な知識と経験を積んだ人たちを学校や団体に「食育」「音楽」「子育て」「運動」といった分野のサポート人材として提供している。里山がっこうの活動で育った人たちが、今度は、外に出て、他の地域や人への教育を担っている。

こうした人材を育成する三年間のプログラムもスタートさせている。

育てる人材のみつけ方は、活動の中からだ。里山がっこうで実施するイベントや活動に参加した人たちで知識や経験を持ち、子どもや女性、高齢者のサポートといった活動に関心や興味があり、里山がっこうの活動に共鳴できる人たちに声をかけている。

最初に述べたように、高野さんが二〇代の頃からいろいろな人と出会い、思うようにいかない人との関係や組織運営の難しさをよく知るからこそ、人を見つけ出す眼も、どう育てるかの手腕も身に付けてこられたのではないかと思う。

「若気の至りで、最初は、私も自分ですべて仕切って、次のリーダーになりたい人に任せるということができませんでした。」

高野さんは、そう言った。しかし、そこで軌道修正し、すぐに実践することができるのは、高野さんの凄さだ。そして、そこで学んだことをこの学校で実践している。

福島県北の森は、震災当時、線量が高いと不安視された。だが、二〇代の頃、農家の生活向上のために、それまでなかった農業の形をつくった青年は、原子力災害にも向き合い、放射能検査機器を使い、地域の安全を伝え、風評の嵐の中でも学校を休校にはしなかった。

それは、ここが人を育てる場であり、地域にしっかり軸を置いた、地域活力の再生の場だったからだ。それはまさに、みんなの学校だ。

「特別な場所」は、楽しく遊び、みんなで学ぶ学校と同じなのかもしれない。

リーダーも、仲間も同じ目の高さで話し合い、危機感や課題を共にし、互いが知識や世界を広げて、これまでにないことに挑戦できることで、それはいつか学びの楽しさ、挑戦を形にする喜びに変わっていく。まさに相馬の事例と重なる。

そして、それが地域に深く根差したものであるほど、その魅力は大きくなり、強くなる。

それはきっと、地域の人だけでなく他の地域の人からもキラキラ輝いて見えるはずだ。だから、高野さんは、まだ農業青年のままでいられるのかもしれない。

二 農業を変える挑戦

「ふくしま　まけねぇ魂！祭り」

その日、ホテルハマツ宴会場には、特設ステージと三〇〇席の客席が設けられていた。ステージ上には、「ふくしま　まけねぇ魂！祭りinハマツ」の看板が大きく掲げられている。客席には、郡山を中心に、福島県内、東京首都圏、北海道、大阪、京都、岡山など他の地方からも人が訪れ、会場は、ほぼ満席状

態だった。東京のキー局、福島のローカル局、新聞各社の取材陣も駆けつけていた。

会場前のコンコースでは、県内の物産が直売されている。

国見町から生産組合の「あんぽ柿」。福島市から「ABE果樹園」のりんご。本宮市から「御稲プライマル」の五百川米と発酵食品の三五八（さごはち）。二本松市から「ふくしま農家の夢ワイン」のシードル、ワイン。「GNS」のサングリア、雑穀ご飯の素、ドラベジ。「菓子処まつもと」の創作和菓子。郡山市から「鈴木農園」のジャンボなめこ。白河市から「高麗屋」の朝鮮漬。天栄村から生産組合の「天栄米」。浜通りから「おのざき」のソフト蒲鉾。「相馬双葉漁協青壮部」の小女子。「中之作プロジェクト」の活動案内。会津若松市から「会津地域連携センター」の開発商品ハンサムウーマンシリーズの工芸品。

それらの生産品、加工品、商品、団体紹介ブースが並び、コンコースにも人だかりができている。

ステージ会場隣の懇親会会場には、彼らが生産、加工した食材が、ハマツの総料理長の手で豪華にアレンジされ、並んでいた。

二〇一五年十一月二十三日。福島県委託事業「ふくしま　まけねぇ魂！祭り」が、内堀雅雄《うちぼりまさお》福島県知事の挨拶で幕を開けた。

女優の藤原紀香さんが、自ら撮影した、紛争被災地アフガンの写真を見せながら、紛争の中でも逞しく生きる人々の姿を紹介した。そして、阪神淡路大震災で友人を亡くした悲しみにもふれながら、前を向いて生きていくことの素晴らしさ、大切さを聴衆に語りかけた。

藤原紀香さんの後にステージに立ったのは、コンコースに出店していた、ＡＢＥ果樹園の阿部《あべ》秀徳《ひでのり》、御稲《みいね》プライマルの後藤正人《ごとうまさと》、ふくしま農家の夢ワインの関元弘《せきもとひろ》、ＧＮＳの廣田拓也《ひろたたくや》、菓子処まつもとの松本克久《まつもとかつひさ》、鈴木農園の鈴木清美《すずききよみ》、相馬双葉漁協の菊地基文、おのざきの小野崎幸雄《おのざきゆきお》、中之作プロジェクトの豊田善幸、会津地域連携センターの稲生孝之、グリーンバードの横尾俊成《よこおとしなり》。

原子力災害を機にしてそれぞれが取り組む、地域の活力復活へ向けた挑戦を観衆に紹介した。内堀雅雄福島県知事と紀香さんの対談の後、全員がステージに立ち、菊地基文の音頭で、「ふくしま　まけねぇ魂！　がんばるぞ！」と気勢を上げた。客席からは、共感の大きな拍手が沸き起こった。

ぼくもステージで司会、語り手になりながら、客席に広がっていたその風を肌に感じていた。その模様は、フジテレビや日本経済新聞のほか、地元放送局、新聞各紙に紹介された。音頭を取った基文の顔は人に被って隠れていた。劇場型の男は悔しがった。

二〇一二年、東京で開催した「福島・東北祭り」以後、福島県内で開催する初めての大規模イベントだった。いわきから始まったぼくらの活動が、三年をかけ、福島全県の人々との協働事業であることを知ってもらえる、大きな機会にもなったと思う。

県内から参加してくれた農水産、加工販売業の彼らの多くは、いわき市の仲間を除き、「福島・東北祭り」で出会った参加団体、その縁でその後、知り合った方々だ。いずれもぼくらのホームページやスタディツアーで協力してもらっている。

それぞれが震災・原子力災害を機に、本業を通じて地域の再生、新生に挑戦する渦中にいた。その後、彼らの挑戦は、着実に目標を実現し、次のステージへ向けて、いまも走り続けている。

データ分析で県産米の需要拡大へ

㈱御稲プライマルの後藤正人さん。㈲鈴木農園の鈴木清美さん。いまでは、後藤ちゃん、清美と呼んでいるが、二人と出会ったのは、ホテルハマツで営業支配人をしていた岩崎洋一《いわさきよういち》さんのコーディネートのおかげ

御稲プライマル
代表取締役　後藤正人

だった。

いまＭＯＶＥの中通りの基地的存在となっている、ホテルハマツとの縁は、総支配人の道下《みちした》和幸《かずゆき》さんだ。

「風とロック芋煮会2014」が郡山市で開かれるのを機に、音楽ファンだけでなく、本気で福島を応援するツアーバスを仕立てたい。その協力依頼をもらったのが始まりだった。その企画は実現しなかったが、当時、道下さんの直属の部下だった岩崎さんが、道下さんの指示で挨拶を兼ねて、事務所を訪ねて来た。

何回か語り合う内、原子力災害で苦戦する郡山の農業の実状を熱く語る、彼の郡山愛に打たれ、郡山周辺の農家にスタディツアーを実施しようと決めたのだ。

とはいえ、ぼくらには、その当ても手掛かりもない。ありがたいことに、彼は郡山コンベンションビューローと協議してくれて、訪問先候補リストを提供してくれた。

リストから、これはおもしろい取り組みだなと思ったいくつかの農家をピックアップし、そこに浮上したのが、御稲プライマルと鈴木農園だった。

後藤ちゃんの挑戦がおもしろいと思ったのは、米の成分をデータ化し、評価の客観性を高めるために、可視化を進めていたことだ。当時、福島県産の米が全量検査（全袋検査）を経て市場に出ても、まったく相手にされていない状況を、彼はデータ化で打破しようとしていた。震災前から、食の安全性、品質をトータル管理する独自の検査システムを開発研究していたのだ。

例えて言えば、牛肉の安全管理システムのようなものだ。牛には、一頭毎に生育履歴証明書がある。生まれた時から枝肉になって消費者の手に渡るまで、どこのどの牛かがわかる仕組みになっている。牧場などで、牛の耳に個体識別票が付けられているのを見たことのある人もいるはずだ。この耳票と枝肉票によって、消費者から遡って生産者、飼育状況、生産者に牛を供給した素牛（もとうし）場を特定することができる。

御稲プライマルの挑戦は、これを米に応用したようなものだ。すべてが種もみの段階から、どこの種で、どこの田圃で育てられどのように栽培され、どこへ出荷されたか追跡できる。それもコツコツと複数の品種でデータ化してきた。だがそれは、ただ追跡できるだけではない。

ぼくらは米を買うとき、生産地の名前だけで選んでいる。気づ

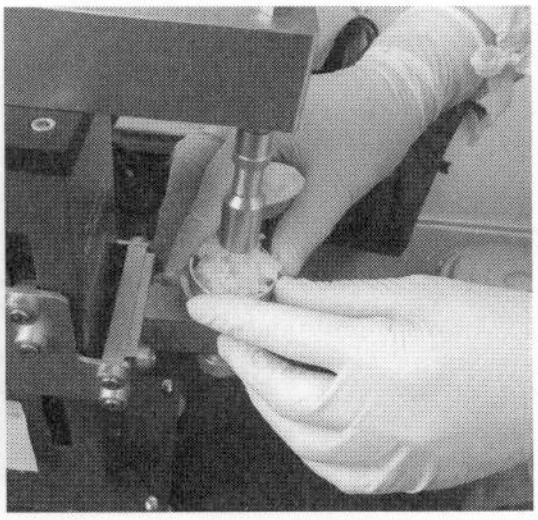

御稲プライマルの成分検査

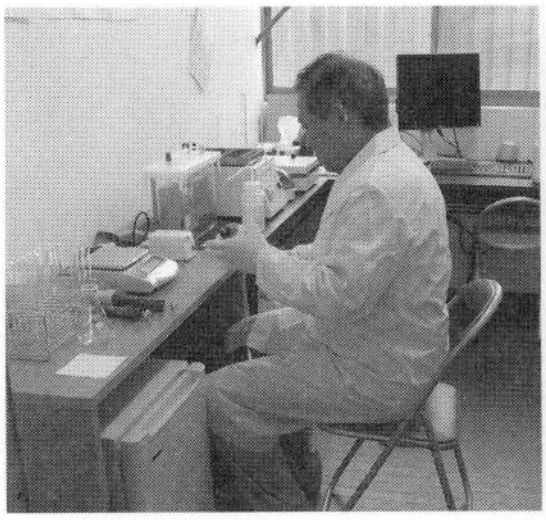

同　検査風景

いていないが、それ以外の選択肢を持たない。○○県産というだけで購入するか、価格で比較しているだけだ。どこで、だれが、どのように生産したか。データ上の安全性、食味、成分はどうなっているのか。そこには、ほとんどの人が関心を持たない。賞味期限や産地にこだわる割に、じつに無頓着だ。

御稲プライマルは、放射能線量はもとより、安全性だけでなく、等級、食味、成分までを分析、検査する。消費者がどんな米かを知ることができるようにしたのだ。

これは、消費者のこういう米を食べたい、飲食店が料理に合った米を出したいという要望にも対応できる技術だ。

つまり、個々のユーザーの要望に合わせて米をブレンドし、提供できる。これまで米マイスターなどがやっていた感覚によるブレンドにこれを組み合わせることで、極めて精度の高いブレンド米が誕生する。あなただけのオリジナル米。御稲プライマルは「カスタム米」とネーミングしている。

この、他の追随を許さない検査システムにより独自のブレンド技術を可能にしたことで、震災後、技術特許を取った。

だが、そこには、後藤ちゃんのもっと大きなねらいがある。

「震災前は、福島産というだけで売れていました。説明もなにもいらない。ただ、市場に出せばそれでよかったんです。」

その反省は原子力災害で、教訓とする決意に変わった。御稲プライマルの米だけではない。福島の米を使ってもらえるようにしようという決意だ。

「お客さまの要望に合った米をブレンドすることで、他の地域の米も利用できます。うちの米と競合しないんです。」

御稲プライマルでは、この技術を応用し、県内各地の米を仕入れ、福島県産の米全体の市場開拓にも努めている。

場合によっては、こういう米を使いたいと指定生産まで依頼している。しかも、農家が価格を決め、その値段で購入しているのだ。

「業務用の米を提供するときは、業者さんに、福島の米として使ってくださいとお願いしています。県内各地においしい米があるので、福島の米として扱ってもらえれば、助かりますと言い続けています。」

後藤ちゃんも、自分のところだけ良くなればいいとは考えてない。福島県産の米として、全体で良くならなければ意味がないと思っている。

地域全体に目を向ける姿勢は、以前からあった。

地元の学校の子どもたちの農業体験を受け入れ、自社企画でも家族向けに農業体験と収穫祭を実施している。農家民宿では、ボランティア活動に熱心な、神奈川県の相模女子大学の学生たちを受け入れている。震災後、東京で定期的に実演販売も始めた。

「震災後、自分の思いを伝えることが大事だなと思いました。ただ米を納める、それで終わりじゃなく、ストーリーを語ることの大事さを感じています。ハマツでのイベントで実感しました。」

県内でも中通り地域は、米の生産量が高い。それが原子力災害の影響を強く受けることにつながった。出荷制限後もその影響は長く続き、いまでも震災前までのようには回復していない。それをこれまでなかった検査システムの開発で乗り越えようとしている。

後藤ちゃんだからできることだと思う。

後藤ちゃんは、前へしゃしゃり出るタイプではない。全体を考えて、自分の役回りをそっとやる、穏やかで温かい人柄だ。それでいて頭脳明晰。まさに技術者のような気質がある。技術で福島の米をここだけにしかないものにブランディングしていく。それによって雇用も生み出し、農業をやりたい人を増やしていく。

実際に、ぼくが後藤ちゃんと会った時より、雇用も増え、いずれ農家として独立したいという若者も働いていた。

農家自ら消費者との接点をつくる

郡山市にある㈲鈴木農園の鈴木清美さん。清美も地域雇用に貢献している人だ。

清美は、周囲への心遣い、気遣いが深い男だ。しかも、それを行動で示す。

実家が菌床栽培だけでなく畑も始めるとわかると、大学院まで進んで土壌の勉強をしている。その後、一時コンサルティング会社に勤務したが、菌床の勉強をするため、改めて研究所に入り、森に入ってキノコ採取と分析に明け暮れた。

震災が起きると、実家を心配して、父、清《きよし》さんの跡を継ぐ覚悟で帰郷した。清さんを少しでも助けたい。その思いからだ。

だが、前にも述べたが、屋内で生産される菌床キノコ

鈴木農園　鈴木清美

でも、キノコというだけで敬遠されていた頃だ。鈴木農園も厳しい状況に直面していた。父、清さんが、郡山ブランド野菜協議会のメンバーとして生産していたブランド野菜が頼みの綱だった時期もあった。

清美と会ったのは、ちょうどその頃で、御前人参を使ったジュースの販売に力を入れていた。初めて飲ませてもったとき、そのうまさに驚嘆した。

「これ、人参!?」と思わず声が出たくらいだ。いままで飲んだどの人参ジュースより、どの野菜ジュースよりも、フレッシュでうまかった。

おやじさんの清さんは、ぼくの反応を見て、ドヤ顔になっていた。

郡山弁の訛りの強いおおらかな人で、筋の通らないこと、曲がったことが大嫌い。言うべきことははっきり言う。そういう人だ。このおやじさんから、清美が？　とも思ったが、後に清美を知るほどに、人への気遣いは同じだとわかった。

スタディツアーで伺ったとき、清美は仕事で留守だったのだが、お母さんが丁寧に参加者を案内、説明してくれた。

人前ではシャイで、ずっとお母さんの後ろにいたおやじさんが、帰る間際、これも持っていけ、あれも持っていけと、たくさんのおみやげをくれたのをいまでも覚えている。苦労している農家を目指して東京からやって来てくれた人たちへの、おやじさんらしい感謝の伝え方だなとぼくは思った。

清美は、跡を継ぐ決意で農園へ戻った時から、顔の見える生産者として、食べてくれる消費者をつくっていかなくてはいけないと心に決めていた。それは、原子力災害があったからこそだとも言う。

これまでやって来ていなかった、農家が消費者と直接ふれあう接点を自らつくるという取り組みだ。

清美は、地元の幼稚園に出向き、お母さんと子どもたちに、ジャンボなめこやブランド野菜を使って、食育を語るようになった。自主企画で、農園に地域内外の人を集め、調理師を招いた食育の交流会も持つようにもなる。それをいまは、郡山の観光会社が実施している、「フードキャラバン」に統合した。キッチンカーを利用して、家族で調理体験する定期的なイベントだ。観光と農業を結び付ける取り組みになっている。さらに、スーパーが募集した顧客向けの食育体験もやり、消費者との接点をさらに広げている。

講演で話す機会も多くなった。後藤ちゃんと同じように、生産者の思いをしっかり伝えて行くことが大切だと思っているからだ。体制も整え、スタッフが幼稚園に出向き、対話形式でお母さんたち消費者の声を深く聞き取るようにしている。直に消費者の声を聴く。これが一番大切だと清美は言う。

農業では、ワイン用のぶどう栽培の挑戦も始めた。

財団法人と郡山市の協働事業で、市内の逢瀬に「逢瀬ワイン」ワイナリーが誕生した。そこに提供するメルローやシャルドネの契約栽培だ。菌床では、しいたけ栽培を始め、ジャンボなめこの仕入れ先に新たに購入してもらえる商品として提供を始めている。

消費者の生活の変化に合わせて、ミニ野菜の生産も開始した。一人暮らし世代が多くなり、通常サイズの野菜は使い切れない世帯が増えている。ミニ野菜があれば、それを求める人も多いはずだ。すでに出荷も始まっている。

「自分が子どもに胸張って、自慢できる仕事をしなくてはと思っています。原子力災害のことで子どもがいろいろ言われても、胸張って堂々としていられるように。」

おやじさんから受け継いだ仕事、新たに始めた挑戦。いずれでも、恥ずかしいと思うような仕事はしたくない。清美はそう言う。

ぼくは、清美の食育の取り組みを聞いていて、清美が鈴木農園を地域にとっての「特別な場所」にしようとしているのだと思った。それも、おやじさんやおふくろさんのスタディツアーでの対応から一瞬見えた、鈴木家の居間の風景のような、家族の感触が伝わる場所として。

原子力災害の厚い壁、海外へ挑戦する

福島市のＡＢＥ果樹園。阿部秀徳さんは、震災後、間もない頃から海外市場に目を向けていた。

阿部さんとは、二〇一二年の「福島・東北祭り」が出会いのっかけだ。初めてお会いし、出店テントの前で、立ち話をしていると、

「ぼく、実は、モーターサイクルの選手だったんですよ。」と言い出した。

驚いた。おもしろい経歴の果樹園オーナーがいたものだ、いつか取材に伺おうと決めた。

サーキットレーサーは鈴鹿耐久レースでもわかるように、バイク好きの人にとっては、憧れの存在だ。熱狂的なファンも多く、華やかな世界でもある。

ただ、アスリートと同じで、その過酷さから、いつまでも続けられる職業ではない。阿部さんもそれはわかっ

ABE 果樹園代表　阿部秀徳

ていて、お父さんが高齢になり、果樹園の仕事が体力的に負担になっているのを見て、跡を継いだ。

全く違う世界を経験していたことが、いまの阿部さんの果樹園経営のユニークな発想、挑戦のもとになっているのではないかとぼくは思っている。

「風評は関係ないですよ。その言葉は好きじゃない。売れないんだったら、どうしても欲しくなるもの、オレらがつくればいいことでしょう。それもしないで、風評のせいにするのは、どうかと思います。」

風評は関係ないという言葉は、ぼくが出会った福島の人に共通するマインドだが、中でも阿部さんの言葉は、一番勢いがあった。さすが、過酷なレースを闘ってきた男だ。

阿部さんは、福島県産品の出荷制限が解かれて間もない頃から、すでに海外に桃やりんごを出荷することを考えていた。そして、着々と調査や準備を進めていた。

いま、県やＪＥＴＲＯ（日本貿易振興機構）とやり取りしながら、地域で生産者グループをつくり、タイに桃を出荷している。ドバイ、シンガポールの調査や視察を行い、香港からは、現地の視察団も受け入れ、販路をさらに開拓しようとしている。

そのために、ＡＧＡＰ（アジアギャップ）も取得した。

ＧＡＰ（Good Agricultural Practice）とは、世界的な農業認証のことだ。農業経営、食品安全、労働環境、環境保全に配慮した、持続可能な生産活動であるかどうかをいくつかの運営団体が審査し、認証を与えている。そのひとつが、ＡＧＡＰ。他に、ＪＡＧＰ（日本ギャップ）、グローバルＧＡＰがある。この認証がないと海外への輸出が円滑にできない。

日本では、二〇二〇年の東京オリンピック・パラリンピック開催へ向けて、ＧＡＰ申請が増えている。国際大会などでは、ＧＡＰ認証の農産物でないと選手村などの食材として使用してもらえないからだ。

海外進出を考えていたのと同じ時期から、阿部さんは、果樹園の後継者不足による離農で、周辺地域に耕作放棄の土地が増えていることに問題意識を持っていた。高齢者に果樹園経営は負担が大きい。家と同じで、耕地は、放置しておくと荒れ放題になり、せっかく農地化したのに土地が痩せ、作物が育たなくなる。

福島県は、桃、りんご、梨を始め、多品種の果実栽培が盛んな所だ。その中でも福島市はフルーツラインと名付けられた道路があるほど、一面果樹園という生産拠点を持っている。それが、高齢化と原子力災害で減少傾向にある。

男、阿部秀徳は、奮起した。ならばオレがやろう。

先日、久しぶりに果樹園に行くと、若い人が増え、みなさんが忙しく働いていた。ぼくが初めて阿部さんの所に伺ったときより、耕作面積も増え、その分、地域雇用も増やしていたのだ。後継者育成にも力を入れて、人材が育ってきている。

また、阿部さんは、震災当時から、SNSを実にうまく活用していた。生産状況や果樹園に来訪した人、果実のでき具合を毎日のようにアップし、全国の人との距離を詰めることで、阿部さんの果実づくりの賛同者、応援者、ファンをつくっていた。

いま、阿部さんの果樹園の売り上げはSNSでつながった人たちによる割合が大きい。各地での物産イベントで、そうした人たちが情報を知って買いに来てくれることもあるが、そこで出会ってSNSでつながり、顧客になる人もいる。あるいは、そうした出会いで贈答品の注文をもらい、送った先がまた購入してくれるという連鎖を起こしている。

「食べる人をつくる」。そうしないと農家は生きていけない。そのために、生産者が消費者とつながり、生産者の思いを伝える。そのつながりを「特別な場所」にしていく。

それを阿部さんもやっている。阿部さんもお客さんの声を聴くのが大事だと言う。

さらにいま、おもしろいことを考えていた。全国で耕作放棄地が増えている。そこに、福島から人材を送り、栽培を行なうという夢だ。

「福島は、いろんな果実をつくれる土地じゃないですか。生産量や知名度では、青森や山梨には負けるかもしれないけど、そこだけは負けてない。ここで栽培技術を身に付ければ、どこでもやっていけますよ。」

阿部さんは、福島を果実栽培の技術訓練の場、開発の研究所に位置づけして、全国各地に人材を供給し、そこで生産された果実のフルーツショップやフルーツカフェを都会に置くことを考えている。実現すれば、国内だけでなく、ヨーロッパなど海外都市にも展開できるのではないかと思っているのだ。

果実栽培の人材供給基地としての福島。元レーサーは、いまもアクセル全開だ。

地域をワイナリー事業で転換する

福島県では、いま、各地にワイナリーが誕生している。

震災前からワイン醸造に取り組んでいた所もあるが、原子力災害を契機に、地域を発信し関心を持ってもらうための魅力づくりとして始めた所が多い。

その中で、自治体主導ではなく、地元の有機農家グループだけでワイナリーを開設し、知名度を上げている団体がある。

ふくしま農家の夢ワイン㈱だ。

そこの役員、関元弘さんと出会ったのは、企業マルシェに彼が出店していたときのことだ。

「福島・東北祭り」で知り合った方から、都内のある企業の社内マルシェに、二本松市から知り合いが出店しているのでぜひ紹介したいと誘われて訪ねた。そこにいたのが、夢ワインの関さんと㈱ＧＮＳの廣田拓也さんだった。お二人とも、その後、ぼくらのホームページ、イベントでお世話になっている。

当時、廣田さんは、国産えごま油を始め、福島の農産物を原材料にした商品の企画・開発・販売を主として活動していた。いまでは、それをベースに、次々に新しいビジネスモデルを創造する、県内でも有名なビジネスリーダーに変身している。

夢ワインは、スタディツアーで何度もお世話になった関係で、

ふくしま農家の夢ワイン　関 元弘

同　ワインカフェ

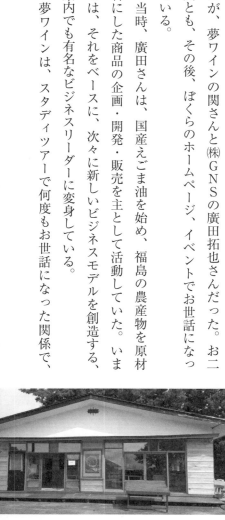

度々、施設を訪ねることになった。一番の理由は、関さんの人柄とキャリアのおもしろさだった。

関さんは、前職は農水省の役人。東京下町の出身だ。出向で入ったのが、夢ワインのある東和地区。もともと、里山の自然が好きで農水省に入省した経緯がある。すっかり東和の風景に魅せられて、出向期間が終わると、退職して、地元出身でもないのに、すぐにUターン。そのまま農業者になった。

いまでは東和地区の地区役員。原子力災害後、急激に増えているイノシシの駆除のため、マタギの資格も取った。すっかり、里山の人だ。

関さんが入植して五年。やっと農業が形になったところに、震災が来た。避難地域に指定されていた浪江町にも近かったことから、家族で避難も考えた。だが、行政や地区の取り組みで線量軽減の農法を教えられ、初心を貫こうと決心した。

地域を離れて行く人もいたらしい。だが、地元有志農家のリーダー役で、後に夢ワインの代表取締役となった、齋藤誠治《さいとうせいじ》さんの原子力災害に立ち向かおうという熱意に、仲間が立ち上がった。

放置されていた、かつての稚蚕《ちさん》飼育所を自分たちで改修し、生産、醸造、販売まですべて農家がやる、ファーマーズ・ブランドのワイナリーを立ち上げた。福島県内で前例のない取り組みだった。

かつて二本松市を始め、県北は養蚕が盛んだった。東和地区はその中でも上質の生糸の生産地だった。養蚕は衰退したが、蚕の餌になる桑の葉の栽培地だったおかげで、農薬を使わない農地が広がっていた。有機農法に適した地域になったのだ。この自然を生かせば、他にないワインが醸造できる。その夢を農家が追いかけた。

試行錯誤と苦労の連続だったろう。だが、人材にも恵まれ、いまでは、県内でもその名を知られるワイナリーのひとつになっている。

二〇一八年の春には、これもまた、農家の手作りで、ワインのテイスティングができるワインショップとカフェを併設した店舗も出来上がった。カフェスペースを利用したい希望者には、イベントや研修、発表会、パーティなどにも貸し出しをしている。

ワイナリーをつくったときから、屋外ステージとバーベキューができる設備があった。その後、ピザ窯で調理体験を楽しむこともできるようにした。収穫祭もこのスペースを利用して行なっている。これを多目的に利用してもらいながら、ワインの販売につなげようと考えている。

毎年利用する団体も出ていて、ロックフェスは三年になる。里山では、家と家の距離が遠いので、音がうるさいと苦情を言う人はいない。

ぶとう栽培と醸造については、最初はとにかくつくるということが先行していた。熱意とやる気だけでワイナリーを立ち上げたが、現在は、品質へのこだわりが強くなっているという。廉価版は地元に提供しながら、質の高いワインを競争のある市場へ出そうとしている。

醸造の担当者も技術を向上させ、意欲的になってきた。仕事を辞め、ワイナリーの仕事を引き継ぐために戻ってくる有志グループの息子も現れた。引き継ぐ人材も生まれている。

農家の有志が原子力災害から地域を守るために始めた、地域へ目を向けてもらうための起爆剤としての役割は果たしたと言えるのではないだろうか。夢ワインが県内各地のワイナリー設立の牽引役も果たしている。

次は、若い世代が、これを地域の資源としてどう活用していくか。それが大事だと関さんは言う。

「ただ、ワイナリーをつくるということではなく、最初から地域と世代間がつながることを目的にやって来ていました。これからは、私たちおやじたちの意気込みを継ぎながら、自分たちが主役になって、これで食べて行くぞと意欲のある人材に任せていく時期に来ていると思います。」

夢ワインに「一慶」というイチオシのワインがある。変わった名だと思って、その由来を訊いた。すると、齋藤社長が「孫の名前から取ったんですよ」と笑いながら答えたが、すかさず

関さんが、

「いやぁ。じつは、奥さんの名前から取っているんですよ。これまでかあちゃんに苦労かけてすまなかったなぁって。それを言えないから、孫の名前から取ったと言っているだけです。おやじ世代はそんなものです。」と言って笑った。

無報酬の役員で、本業の農業もある中これだけのことをやれば、家族に寂しさも苦労もかけただろうと思う。

だが、それでも家族が理解できたのは、東和地区のこれからへの危機感を彼らが共有し、ワイワイ言いながら、地域の復活へ向けて挑戦することを楽しんでいる姿があったからだろう。それは、家族にとっても、「特別な場所」づくりに参加している気持ちにさせたと思う。

東和地区には、震災後、農家民宿が増えている。二十ヵ所で、最大百人は受け入れができる。そこに様々なイベントに対応できるワイナリーもある。周囲は里山。環境は整った。これを利用して、夢ワインの次の世代が、関係人口を増やす地域づくりに挑戦を始めるときが、もうやって来ている。

ワイン醸造の技術がより高まれば、それはおのずと実現すると思う。特別な場所には、有形無形にかかわらず、そこにしかない、いいものがきっとあるからだ。その核に、夢ワインがある。

第四章

持続可能な地域社会へ

南相馬市の大規模再生可能エネルギー発電施設

一　原子力災害の教訓を生かす

再生可能エネルギーの先駆的挑戦

これまで紹介した地域の活力再生、新生へ向けた取り組みは、結果的には震災・原子力災害がもたらしたものだ。

言い換えれば、安全で資源豊かな土地、海、川、森。そして、水や空気。それらがいかに貴重で、一旦失われれば、産業だけでなく、地域も失われていくものであることを思い知らされたのだ。失われないまでも、地域の人と生活、文化は大きなダメージを受ける。しかも、その傷は、ぼくらの時代で終わらない。次の世代、またその次の世代にまで、引き継がれてしまう。みんなにとって心地よい「特別な場所」が、みんなにとって「引き継げない場所」に変わってしまう。その危機感が、ここに紹介した彼らを突き動かした原動力だ。

では、これを教訓として、ぼくらには何ができるのか。いかに自然環境を守り、人間の生活と自然が対峙しない関係を築き上げられるのか。

その問いに、福島は、全国でも例のない再生可能エネルギーの先駆的挑戦で応えようとしている。

言うまでもなく、再生可能エネルギーとは、枯渇する資源ではなく、自然界のどこにでも存在し、CO_2を排出しない太陽光、風力、水力、地熱、バイオマスといった、地球環境の保護に適応したエネルギーのことだ。

いま地球温暖化でCO_2排出量の削減が世界的な課題とされているが、同時に、CO_2対策でもあるはずの原子力発電は、核廃棄物という、自然界に存在せず、未来永劫自然界に戻すことのできないものを日々増産している。一旦事故が起きれば、原発を誘致した地域ばかりか、周辺地域、規模によっては国内、世界に被害を拡大させる。

人が自然をコントロールできないように、人は核をコントロールできない。

その両方をコントロールできる。そう考える科学技術と経済構造の傲慢さが世界の原発事故・核問題の根源にある。

福島がぼくらに教えてくれたのは、それではないだろうか。

そのため、自然の生態系を壊す危険のある原発への依存度を低くする、あるいは、なくそうという動きが世界各国で起きている。

福島県は、震災後間もなく、二〇四〇年頃までに一次需要電力量100%以上を再生可能エネルギーで生み出そうという目標を発表した。

地域自治体でも事業計画の策定が広がり、南相馬市を筆頭に、地域の電力を再生可能エネルギーで賄う取り組みが始まっている。行政の動きとしては全国的に見ても早い。

二〇一七年、ぼくはスタディツアーで、国内最大の電力消費地である東京都内の子どもたちに、この取り組みを学んでもらいたいと思った。

その訪問先で体験学習ができる所がないかと、福島県のエネルギー課に相談に行ったことがある。

その折、この目標は達成できそうですか？　と訊いた。すると、担当者の方は、「現時点で、目標達成へ向けた数字はクリアしています。」と自信を持って答えてくれた。

その自信の裏付けは、県内の各地を回ってみるとすぐにわかる。福島空港や行政関連の公共施設、浜通りの海岸地域、中通りの農山村や住宅地、会津地方の山間部など、気をつけて見ていけば、ソーラーパネルと蓄電装置を至る所に見つけることできる。

本気度の高さの表れ

また、情報発信と啓蒙活動も行なっている。

三春町の「コミュタン福島」では、県の取り組みや再生可能エネルギーを子どもたちも楽しく学べる展示をしている。いわば、再生可能エネルギーの情報センターだ。

南相馬市には、とまと栽培に太陽光発電を利用し、子どもたちが小水力発電や太陽光発電を体験して学べる「南相馬ソーラー・アグリパーク」がある。いずれもぼくらのスタディツアーで首都圏の子ども、保護者たちを連れて行ったところだ。子どもたちは展示も体験学習もとても楽しんでいた。

一般社団法人「あすびと福島」が運営管理する、ソーラー・アグリパークは、小・中学校、高校、大学、社会人グルー

南相馬ソーラー・アグリパーク体験学習風景

プなどの団体での体験学習に対応している。あすびと福島スタッフが世代の要望に沿い、柔軟にカリキュラムを展開し、楽しみながら、教育効果の高い学びができる施設だと思う。

アグリパークから相馬市へ向かって沿岸を車で五分ほど行った所には、福島県内で最大の大規模太陽光発電所「南相馬真野右田海老太陽光発電所」と大規模風力発電所「万葉の里風力発電所」がある。

被災した海岸線に広がるその圧倒的な景観は、本来なら見ることのなかったものだろう。だが、津波被害の地域をこうした、原子力災害の教訓が生んだ再可能エネルギーの拠点に変えることは、南相馬市民の願いでもあったのではないだろうか。

南相馬市は、震災当時の報道でも伝えられたように、津波で多くの人命を失い、原子力災害で住民が避難したエリアだ。

二〇一二年には、これを教訓に原発依存からの脱却を目指し、「南相馬市再生可能エネルギー推進ビジョン」を策定。家庭、公共施設への太陽光発電設備や蓄電池の導入を進めてきた。大規模発電所も民間企業と連携して、被災した沿岸部の再生の一環として進めている。

南相馬市は、市内の電力すべてを再生可能エネルギーによる「自給自消」で実現しようとしているのだ。市町村行政で、ここまで地域が行政、市民、民間企業と協働しながら、再生可能エネルギー推進に舵を切り、すべての電力を自給自足する取り組みは、先進的だと思う。

これまで、構想やビジョンとしては謳われながら、かじった程度しか進展していなかったスマートシティ、スマートコミュニティの実現化への本気度の高さを、ぼくは感じている。

スマートハウスといった家屋での取り組みは広がっているが、それを面として広げるエリアに重点を置いた施策と実現例は少ないと思う。

今後、これが、フクシマモデル、ミナミソウマモデルとして、広がっていくことを期待している。

二　浜通りを国際研究産業都市にする取り組み

震災・原子力災害の被害を最も強く受けた福島県の浜通り地域では、国が策定した「福島イノベーション・コースト構想」に基づいて、様々なプロジェクトが具体化へ向けて、動き出している。

その中に、ドローン、インフラ点検ロボット、災害対応ロボットといったロボットの総合的な開発、実証施設の拠点整備とその活用がある。

これも南相馬市になるが、市は、これを受けて、復興総合計画に「福島ロボットテストフィールドを核とした

福島ロボットテストフィールド

新産業創出と人材誘導」を推進するとして、重点計画に盛り込んでいる。

二〇二〇年春には、南相馬市復興工業団地内に立地する「福島ロボットテストフィールド」がフルオープンし、今後、研究・開発などが加速していく。これに合わせて、地元の中小企業をロボット産業と関連付け、新たなビジネス創造、挑戦のフィールドとして活用してもらえるよう取り組みを進めている。

また、人材育成の観点から、地元の児童・生徒・学生や団体がロボット開発企業や研究者と交流する機会を創出したり、地域住民の協力、理解を得るために地域の祭りなどのイベントを通した周知・啓発の取り組みも行なわれている。

見学体験に訪問した団体

福島ロボットテストフィールドがあることで、ロボット技術を競う国際大会、ドローンレースといった規模の大きなイベントや研究開発、会議などが行なわれ、国内外からロボット関連企業や学術関係者といった、これまでにない関係人口、交流人口が増えていくことにつながり、地域経済を支える存在となっていくことが考えられている。

何よりも、中小企業を始め、商工団体、農水産団体など、民間の力がそこに結集し、国際的な技術交流を通じて、地域の産業力、教育力を強めることができるのが大きいのではないだろうか。

民間の力が強くなれば、地域の自立的な経済活動、それによる地域全体の活力再生へとつながる。行政が撒いた種をどう民間の力が利用するか、あるいはブラッシュアップしていくか。そこに、行政の力だけではない、フクシマモデルと言っていい、民間が主役のここにしかない何かが生まれてくるのだ。

南相馬市行政は、その意味で、民の再生、新生の潜在的な力を信じ、震災・原子力災害がもたらした負の課題を地域全体で明日の糧、力に変えて行こうとしているように、ぼくには思える。

三 九代目佐藤彌右衛門 会津電力の心意気

「東京を向かなくたって、地方には何でもある」

「そりゃ、ずるいよぉ。」

雄国山の山麓の狭い悪路を車で走りながら、ぼくは苦笑いしながら、そう呟いていた。

先導している車は、ジムニー。悪路に強い。それが凹凸の激しい登り道を疾走している。地域の篤志家として知られ、もうすぐ七十歳に手が届くおやじが運転している車とはとても思えない。オフロードを行く、ラリーレー

会津電力取締役会長　佐藤彌右衛門

サー並みだ。こちらはレンタカーの小型乗用車。付いて行くのがやっとだ。

何とか悪路を抜け、辿り着いたのは、喜多方市が一望に見渡せる、素晴らしい景観を前にした、別荘のような佇まいの雄国山太陽光発電所の見学・研修施設だった。

そのおやじさんは、車を降りると、「車、好きでしょ。」とぼくを見てにやりとしながら言った。当たり前だ。車好きでもなきゃ、リッターカーの普通乗用車で、悪路を行く、高速ジムニーに付いていけるわけがない。「オレの運転、値踏みしてたな、このおやじ……。」と、声にはしなかったが、そう思った。車好きは、こういうことをやる。

悪路をかっ飛ばして、ぼくを先導してくれたおやじ。

それが喜多方市にある県内でも有数の酒蔵、寛成二年（一七九〇年）から続く、大和川酒造九代目佐藤彌右衛門《さとうやうえもん》さんだ。「彌右衛門」という銘柄でよく知られている。

地域の名士に失礼を承知でこんな風に書き出したのは、ぼくがそれくらい佐藤さんにお会いして、楽しかったからだ。

「東京を向かなくたって、地方には何でもあるんです。自分たちの風土の豊かさを学び、そこにしかないものに気づけば、中央に頼らない生き方ができる。実際、そうやって生きてきてたんだから、地方は。」

取材で伺った言葉は、ぼくが福島のことをやろうと決めた、根底にある考えと同じものだった。

佐藤さんは、二〇一三年、会津十七市町村の銀行、地元企業に声をかけ、有志を募って、会津電力㈱を設立した。会社設立の主眼は、会津地域の電力は自分たちでつくり、賄おうというものだ。

かつて会津地域は、自給自足ができた場所だったと佐藤さんは言う。

会津の雪溶け水を山が蓄え、ろ過し、上質な水が生まれる。農業を始め、酒造、繊維、漆、磁器など製造業に必要な水に困らない。山が育む森があり、植生は豊か。材木資源もある。山がつくる水量豊かな川がある。そこにも植生がある。水勢を利用し、小水力発電で電力も自前で調達できていた。

米沢、新潟、若松につながる交通の要衝だった喜多方には、商人が集まり、会津の自然がもたらす産品を仕入れ、商いし、その利益が地域に回り、人々の生活を豊かなものにしていた。それは生活だけでなく、伝統工芸、文化を育て、守っていた。

「蔵のひとつも持てないと、一人前の商人、『旦那』にはなれないと言われた地域です。」

佐藤さんの言葉通り、喜多方には蔵が多い。だが、自分さえよければいいという商売のやり方は嫌われ、利益は地域に還元するというのが人から認められる「旦那」の条件だった。地域の護岸や道路、農地の整備から地元産業の育成、地域の寺社仏閣を守り、伝統文化も絶やさない。それが喜多方商人の心意気だったのだ。

佐藤さんが地域に呼びかけて始めた「蔵の町」の観光整備は、いまでは喜多方を代表する観光資源になっている。

蔵の町といっても、街並みを眺めてきれいだと言うだけではない。蔵を利用した飲食店もあれば、イベントもある。もともと蔵は、寄り合いの場であり、芸術、芸能を楽しむ文化基地でもあったらしい。つまり、地域内や地域の外の人間を結ぶコミュニティの場だったのだ。それを現代にアレンジし、復活させている。

食では、よく知られる「喜多方ラーメン」が全国区のラーメンに成長した。佐藤さんは、それは市民の力の結集があって実現できたことだと言う。

仲間が集まって情報を交換しながら、議論を尽くす。決めたことは、リーダーシップを発揮して、地域全体で取り組む。それは会津に昔からある文化だと言う。地域コミュニティがしっかりあったからだ。

「行政に頼らないで、自分たちでやる。民間でやる。そうしないと何も変わらないですよ。」

地域企業であり、電力という公益企業でもある、会津電力は、この「民間がやる」「民の力で地域を変えていく」という、佐藤さんの考え方が結実した会社だ。

太陽光と小水力発電で、５４７４kW。一般家庭の約１６３０世帯分の電力に相当する。まだ規模は小さいが、これを拡大させ、最初に述べたように、「会津地域の電力は自分たちでつくる」という規模を目指している。

現在、大手電力会社が会津の水を利用した水力発電で供給できる電力量は５００万kW。原発５基の電力量に相当する。県の約１６０万kWの電力消費量を遙かに超える。

エネルギーさえも自給自足できる

会津に限らないが、地域が資源を手放さなければ、エネルギーでさえ、自給自足することは夢ではないのだ。

「自給自足でやっていけていた地方が、人も、資源も中央に吸い取られてきた。それを奪い返す。その意気込みでやっていますよ。そうしないと、地方は自立できない。」

ぼくは、佐藤さんの言葉に、戊辰戦争を闘い、自由民権運動で維新政府と対峙した福島の歴史が浮かんだ。そして、いま原子力災害に立ち向かい、地域を再生、復活させようとしている、相馬を始めとする若い生産者の顔が脳裏を横切った。

原子力災害はひとつのきっかけに過ぎない。誰もがそう思っている。だから、風評は関係ないと誰もが言い切るのだ。

原子力災害のあるなしにかかわらず、地方が生きていくためには、地方が自立し、自分たちの地域の豊かさに目覚め、そこに自信と誇りを持ち、「これがオレたちだ！」と発信する。そういう力がいる。

それが、人も資源もそこに留まらせる道につながる。育てる力にもなれば、外の人を呼び込む魅力にもつながる。なぜならそれぞれの地方が、どこにもない、「特別な場所」になっているからだ。

それを支えるのは、何度も言うが、そこに生きる人たちの地域愛だ。もう昔の活気は戻らないと過去を懐かしむ、ノスタルジーだけで何もしない地域愛ではない。オレたちなら、再生できる。こう新しくすれば取り戻せる。そう信じ、行動する地域愛だ。

案内していただいた雄国山太陽光発電所と見学・研修施設は、もともと、大和川酒造の農地として手にいれたものだ。酒米も自ら生産しているからだ。だが、痩せた土地で農業には不向きだった。見学・研修施設も、改修する前は、佐藤さんが若い頃、同世代の青年たちを集め地域を語り合う、たまり場だったそうだ。

会津の心意気を明日につなぐ準備も進めている。酒蔵の経営は十代目に譲り、会津電力の会長職として、再生エネルギーのネットワーク強化に回る。

太陽光発電設備のある下の山麓にはぶどう畑があった。痩せた土地でも生産できると知って、挑戦を始めている。収穫祭も地域への貢献のひとつだろう。

ぶどう畑へ案内される前、研修棟のテラスの椅子に座り、眼下に広がる、喜多方の町を眺めながら、佐藤さんは、自慢げに言った。

「ね。いい所でしょう、いい町でしょう、ここは。」

その横顔は、そう誇りを持って言える、満足そうな笑顔だった。

雄国山太陽光発電施設から喜多方市を望む

四

先端技術で地域を創造する

「ぼくがやります」

きっかけは、いわき商工会議所の小野英二《おのえいじ》部長だ。

ぼくらは二〇一六年に「コミュタン福島」、二〇一七年「南相馬ソーラー・アグリパーク」と、港区を中心とした首都圏の小中学生、保護者、青年社会人に福島県や南相馬市の再生可能エネルギー事業の見学・体験学習を実施していた。翌年の訪問先を検討していて、いわき市の再生可能エネルギー関連施設や産業の取り組みはない

東洋システム代表取締役　庄司秀樹

でしょうかと相談に行ったのだ。

そのとき知ったのが、東洋システム㈱庄司秀樹《しょうじひでき》社長のことだ。再生可能エネルギー、自動車、ロボット、医療、通信端末など、二次電池を必要とするこれからの産業に欠かせない、バッテリーの検査システムのトップ企業がいわきにあることを、不勉強なことにぼくは知らなかった。

バッテリーは再生エネルギーの進展を基本で支える事業だ。しかも、庄司社長が音頭をとり、常磐共同ガス㈱など地元企業・団体でつくる、「一般社団法人いわきバッテリーバレー推進機構」という団体も立ち上げられている。

蓄電池関連産業をいわきに集め、自然環境に配慮した企業活動と研究の一大基地にしようという構想だ。

庄司さんは、真空管ラジオを一人でつくってしまうほどの機械好き少年だった。理科と数学だけが突出してできたが、他教科は苦手。高校は全教科必須の国立高専に入学したかったが、厳しいだろうということで恩師の推薦で福島県立勿来工業高校に一芸入学し、卒業すると技術系の企業へ就職した。

ＩＴ技術の幕開けともいっていい時代。庄司さんは先端技術の開発にかかわる技術者になりたいと、大手計測器メーカーの会社に転職した。ところが営業担当。だが、それが起業するきっかけになった。

当時、半導体が脚光を浴びていたが、その性能は電池の性能が鍵を握っていることを知った。だが、電池性能のチェックは、当時まだ、手作業。膨大な時間が必要で、性能検査がシステム化されていない。それが電池メーカーの悩みの種だった。

「ぼくがやりますよ。」庄司さんは約束した。

しかし、会社が動かない。それほど、バッテリー性能の重要性がまだ認識されていなかった。約束は守らなくてはいけない。そのために会社をつくった。起業することなどまったく考えていなかったから、徒手空拳で始めた会社だ。しかし、着眼点がよかった。いくつか事業パートナーも出てきた。が、開発したシステム自体をそっくりコピーされる、いわゆる下請けの技術を大手が盗むという悪辣さを体験する。

まさに、ヒットドラマ、TBS『下町ロケット』の佃製作所だ。そして、これもまるでドラマのように、それはないぜと企業の担当者や業界関係者が応援団になって支えてくれた。

それが、トヨタを始め、多くの先端企業との業務提携、検査システム機器の販売が拡大していく契機になった。

中高生が挑戦できる地域を

あるとき、企業の担当者から、これまで見たこともない検査システムの開発を打診された。自分の会社では手に負えない内容だった。一旦は断ったのだが、諭された。

「このままでいけば、地球環境は取り返しのつかないことになりますよ。ぼくらで、子どもたちに大事な地球を残せるよう挑戦しませんか?」

庄司社長は、ここでも約束した。

「ぼくがやります。」

これまでの常識を超える自動車用大型電池の検査システムだった。地元企業や関連企業、新たな企業でチームをつくり、苦労して納品した。それが庄司さんに新たな構想に踏み出すヒントを与えてくれることになった。

やがて東日本大震災により、旧工場が津波で被災。新工場へ移転していたので、再起不能の被害には至らなかったが、五億円もの損金を出し、従業員の家庭も被害に遭っていた。その経験が構想の実現に踏み切らせた。

「日本の産業構造は西高東低で、バッテリー関連産業も西日本に集中しています。もし、西日本で大規模地震が起きたら、再生エネルギーを含め、この国の産業は止まってしまうでしょう。」

庄司さんは、日本の電池産業の強靭化のために、バックアップできる地域が東北に必要だと考えたのだ。

同時に、原子力災害に直面した地域だからこそ、地球環境を守り、次世代へ継承するため、再生エネルギーを支えるバッテリーを柱とした力の結集が必要だと考えた。それが、バッテリーバレー推進機構を誕生させたのだ。

現在、活動の目指す趣旨を理解してもらうための啓蒙活動と事業の具体化へ向けた調整、実験的な取り組みを始めている。エリアは、いわきを軸にしながら、双葉郡をドーナツ状に包み込む地域で考えている。

概要はこうだ。

エリア内のバス、トラック、乗用車の水素自動車への転換。そのため、水素工場を双葉郡に設け、各地の水素ステーションで供給する。水素生成の過程で発生する酸素を使い、ＬＰガスを地域企業が製造。エリア内でガス供給ができるシステムをつくる。集まった電池製造工場への太陽光、風力などによる再生エネルギー利用と資源の循環利用。人材育成の小・中・高校での教育と新たな工科大学の開校……。

その構想は、まさに「バレー」だ。庄司さんは、それがいわきの関係人口、交流人口、定住人口の増大につながると確信している。

「ビジネスで人は来ないと言われますが、そんなことはありません。観光で人を呼ぶのは大変ですが、最先端の会社やビジネスバレーがあれば、そこには、集めなくても人がやって来ます。」

庄司さんは会社を移転するとき、どうしても常磐線の線路沿いに置きたかった。列車から見える社屋を中学生や高校生たちに見せたかったからだ。

「高卒の人間が会社を興し、地元でこれだけの会社をつくった。しかも、地元でやっている。じゃ、オレにもできるんじゃないか。オレも何かに挑戦してみよう。中高生がそういう気持ちになってくれたらなと思ったんです。」

庄司さんもまた、自社だけのことを考えていない。いわきに先端企業を集め、これに地元の中小企業が協働し、互いの技術を高め、若い世代が挑戦できる環境をつくり、豊かで、希望のある未来を拓く。

いわきをバッテリーバレーで「特別な場所」にする、それが、庄司さんの次の約束だ。

五

夢の工場で福島の未来を拓く

とびきりのキャラメル工場

㈱向山製作所と聞いて、人は何を連想するだろう。ほぼ、すべての人が機械関係の製造会社だと思うだろう。スイーツの本場、フランスのパリで高い評価を受けた、スイーツ会社だと想像できる人は少ないはずだ。

郡山市に近い、平田村出身の女性から、キャラメルポップコーンをもらって口にするまで、ぼくもそ

向山製作所　大玉村ベース外観

うだった。

「なんだ、これ!?　うま過ぎる！」

しかも、パッケージデザインから販売店舗のインテリアまで、CI（コーポレーションアイデンティティ）が徹底され、そのクオリティが抜群に高い。福島に、味もデザインもこんなに凄い会社があったのか！

だが、製造元を見ると、向山製作所。ギャップがすごい。しかし、それは奇を衒った演出ではないような気がした。

逆に、スイーツ乱舞のこの時代に、自分たちは時流に惑わされず、技術者がモノづくりにこだわって製品をつくるように、真摯にスイーツと向き合っているのだと、高らかに宣言しているように思えたのだ。

ぼくの予感は、㈱向山製作所の織田金也《おだきんや》社長とお会いして、確信に変わった。

織田さんのこれまでの歩みを綴るだけで、一冊の本ができてしまう。現在の向山製作所となるまで、それくらい多くの紆余曲折と涙があったからだ。

生キャラメル

その最たるものは、リーマンショック後、電子部品から主力を生キャラメルの製造に移し、

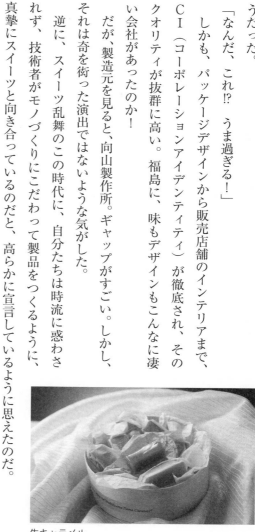

回復に向かおうとした矢先、震災・原子力災害によって、再びすべてが瓦解。無謀ともいえる最終決戦へ挑んだ、そのドラマだ。

織田さんは、郡山市と二本松市の間に位置する大玉村の出身。会社を創業したのもそこだ。社名通り、電子部品の製造工場として創業した。実家の物置小屋を改造して、わずか五人で始めた会社だ。業績を伸ばし、一時は百人以上の従業員を抱えていた。いま規模は縮小したが、電子部品の仕事は、まだ、大玉村工場で稼働している。

二〇一八年には、地元である大玉村に向山製作所大玉ベースを開業。ベーカリーとカフェを併設した、ショップを置いている。国道四号線沿いにある上品な建物と店内インテリアは、そこが大玉村だということを忘れさせる。

だが、震災後、全国のデパートを回り、試食販売を行なっていた頃には、生まれ育ったふるさとにこんなお洒落な店舗が持てるとは、織田さん自身も想像していなかったに違いない。

震災から一年が経過した頃、織田さんは、スイーツの開発・製造・販売から撤退を決意していたからだ。

電子機器の下請け部品メーカーから生キャラメルを主力とするスイーツの製造・販売に主力を移すだけでも艱難辛苦があった。

しかし、二〇一〇年には、郡山駅前に店舗を持ち、都内の多数の大手デパートから出店販売の依頼を受けるまでになった。月の内二十日間は、都内のどこかで生キャラメルの販売をしていたのだ。翌年、震災直前には、大手航空会社の国際線ファーストクラスのデザートに採用された。それまでの苦労が一気に報われた時期だった。何より、二〇〇八年から開発、製造に携わってきたスタッフには、自分たちの仕事が一流と認められた瞬間だった。

女性スタッフたちは、室温五〇度にもなる室内で、来る日も来る日も、いつ陽の目を見るかわからない生キャラメルづくりに没頭していた。ガスコンロの火で、陽焼けしたように顔中赤くなるまで、彼女たちはがんばっていた。

開発事業に投資する余裕がなかった。キャラメル開発は、料理好きの織田さんのために寄贈してもらった業務用キッチンをガス給湯室に置いただけのエアコンもない部屋だったのだ。だが、それでもがんばってこられたのは、そこに、彼女たちの夢が詰まっていたからだ。

大手航空会社の国際線ファーストクラスでの採用は、織田さんを始め、向山製作所の社員、食材を提供していた生産者、大玉村の人たちがどれほど誇りに思うことだったか知れない。

辞めるための理由をつくろう

しかし、航空会社への納品日からわずか十一日後、震災・原子力災害が、織田さんたち向山製作所の人々を奈落の底に突き落としたのだ。

「福島県産のこだわり抜いた食材だけを使い、福島でつくったスイーツ。その文言にこだわっていました。」

震災直前に掲載された、朝日新聞の「人」欄に織田さんが紹介された。取材記者から校正を求められ、福島県産にこだわっているという言葉を追加してもらった。原材料を提供してくれている福島の人たちのことも全面に打ち出したかった。県内各地の選りすぐりの食材でキャラメルをつくり、そこに絶対の自信を持っていたからだ。

そのこだわりが、震災後の原発事故で、向山製作所を猛烈な逆風に立たせることになってしまった。

「福島県の原乳に放射性よう素反応」の一報を受け、航空会社から注文のキャンセルが来た。織田さん、そして従業員たちは、目の前で、冷たくシャッターが下ろされる寒々とした光景を見たのだ。自分たちの生キャラメルを誇りに思っていた社員たちから嗚咽が聞こえてきた……。

だが、立ち止まっているわけにはいかなかった。生キャラメルしか、会社を立て直す手立てはないとみんながわかっていたからだ。

被災地応援の動きが全国に広がっていた時期だ。織田さんたちもデパートでの販売で各地を回った。

しかしそれは、彼らにとって、自分たちが商品に込めた自信や誇り、食材を提供してくれた福島県内の人々の思いに加え、生まれた土地、福島を踏みにじられるような毎日だった。

「どこから来てるの？」

「福島からです。」

その瞬間、それまで満面の笑顔でおいしいと言ってくれていた人の顔から笑顔が消え、引きつった険しい表情に変わった。そして、言われた。

「私、福島のものは食べないようにしてるの！　どうして最初に言わなかったの⁉」

責任者を呼びなさいと大声で怒鳴られた。

言葉を失くした。悔しい。だけど、逆の立場だったら自分もそうだったかもしれない。やり切れない気持ちの方が強かった。

それは各地を回るほどに、重なった。どこに行っても、同じような声に出会ったからだ。雀の涙ほどの売り上げにしかならなかった。買ってもらえたのは、同情からだけだ。このまま赤字を続けても、宣伝にもならないと思った。

「あの二ヶ月は、いまでも忘れません。絶対に忘れません。苦しかったです。本当につらかった……。」

けじめを付けよう、そう思った。

「このままやめようと言っても、いままでがんばってきたスタッフ、会社の従業員たちは納得しません。自分もそうでした。だったら、辞めるための理由をつくろう。そう決めたんです。」

辞めるための理由。それは、スィーツの本場、フランスの権威あるお菓子の祭典「サロン・ドュ・ショコラ」への参加だった。

紹介を辿って、有名シェフと言われる人に口利きを頼んだ。

そこでは、お菓子づくりを甘く見るなと叱責された。

「電子部品の会社が、片手間につくっているスイーツがパリ？」

相手にされないと決めつけられた。どこに行っても同じだった。

福島の田舎の、菓子作りのキャリアもなく、電子部品の会社が一流に認められるわけはない。

それはわかっている。ただ、最後に、自分たちのスイーツが海外の人にどう思われるか試してみたい。きっとダメだと言われるだろう。それを知れば、あきらめもつく。その思いでパリに行きたいんだ。その思いだけで、紹介者を探し続けた。

そして、一人の有名フランス人パティシエと出会った。

奇遇だった。最初は、相手にもしてくれなかったが、サンプルの生キャラメルを一口食べて、顔色が変わった。震災後、つらい思いをしながらデパートで販売していたあのときに、そのパティシエは生キャラメルを食べてくれていたのだ。あのつらい二ヶ月は無駄ではなかったのだ。

パティシエに言われ、サロン・ドュ・ショコラに手紙を送った。

「福島は、水も飲めない、人も住めなくなっていると思われているかもしれない。だけど、私たちは、その水も飲めない、人も住めないと思われるところで、夢を持って、お菓子をつくっています。」

それからしばらくして、サロン・ドュ・ショコラから電話が入った。参加してくださいという連絡だった。

乗り越えるためのバネ

当時、福島食材の海外への輸送は、違法ではないが、通常のルートでパリまで持ち込めなかった。すべては現地食材でつくることにした。五日間の出店に1000万円がかかった。ホテルの厨房を借りて、試行錯誤しながら、福島の味をつくり上げた。

開催当日、向山製作所の周りには、フランス人の黒山の人だかりができていた。SNSで拡散され、フランスのテレビも取材に来た。五日間ですべて完売した。

日本に戻って一週間が過ぎた頃、サロン・ドュ・ショコラから感謝状が届いた。それから三年。向山製作所は招待に応え、同展に参加してきた。目的は達成したと、以後参加はしていないが、いまも招待状が途絶えることはない。

織田さんがうちのキャラメルは世界一ですからと断言できるのは、この実績と誇りがあるからだ。

「震災がなければ、行かなかったと思います。震災・原子力災害を乗り越えるためのバネが欲しかったんだと思います。それは、きっとぼくらだけじゃなく、福島で、本当にがんばってきた人たち、みんながそうだったと思いますよ。何かをバネにして、跳ね返そうとしてきたと思います。」

電子部品の事業が順調な頃、社員が増えて、工場を建設した。誰かが、夢の工場だと言った。創業当時から思えば、確かに、夢のような工場だった。

いま、震災・原子力災害を跳ね返し、向山製作所は、県内の食材を使ったスイーツシリーズ「ふくしまの力」という新しいブランドを立ち上げている。そのために、県内の魅力ある産物を生み出す、生産者のいる場へ足を運び、志を重ね、つむぎながら、新作を生産者と共に生み出す取り組みに挑戦している。

それは、織田さんが、福島を夢の工場にしようとする地域再生の新たな挑戦のようにぼくには思える。

織田さんにとっての「特別な場所」、それは、大玉村であり、福島を舞台にした、夢の工場なのだ。そこにはきっと、これからも続く持続可能な会社、地域の姿が現われてくるはずだ。

六 フクシマモデルを全国、世界へ

すでにお気づきの読者も多いだろう。

この章で紹介した行政や地域、民間の取り組みは、いま世界的課題、地球的課題とされている温暖化防止対策や地球環境保護へ向けた、取り組み事例の数々でもある。持続可能社会の実現は、決して荒唐無稽な夢物語ではない。それがいかにすれば生み出せるかのモデル事例にもなっている。

しかも、それらは、資源枯渇型の消費経済から資源保護を前提とした経済への大転換となる新産業・ベンチャービジネスだ。同時に、ぼくら世代が次の世代へこの地球を引き継ぐための主役としなくてはいけないものだ。

確かに、太陽光発電施設にせよ、風力発電施設にせよ、弊害もある。劣化する太陽光パネルごみの廃棄処理問題といった課題もそこには横たわっている。しかし、いまやらなければいけないことは、電力も地域、地方が生み出せるという事実に目覚め、まずは、核廃棄物を生む原発や化石燃料に頼らない道へ歩み出すことだ。

その先に、いまバイオマスの未来的課題とされているものへの解決の糸口も、方向も見えてくるのではないのだろうか。現状維持で、地域、地方から人、産物、資源、環境を奪われる道より、自らエネルギー資源を再活用し、新たな道を模索することの方が先だとぼくは思う。行動のないところに、新しい未来も、あるべき地域、地方、国の姿もない。

マクロなこの視点、取り組みをミクロの場で成立させる。そのために、この本で紹介してきたそれぞれの地域、人々の挑戦がある。すなわち、復活への公式が誕生しているようにぼくには思える。

自らが生まれ、育った地域の環境と生活文化、伝統。失われたそれらの回復のために、新たな形で人と人がつながる。人が育て合う。そこに生まれる化学反応が地方、地域を力強く生まれ変わらせる。そして、生まれ変わることで見えてくるのは、地方、地域が強くなければ、都市、国、世界は成り立たないという、当たり前の答えでもあるのではないだろうか。

都市への迎合や物真似は、地方、地域の力を削ぐばかりか、地方、地域の自然を破壊し、喪失させ、自立を阻害する。物理的な一瞬の繁栄と束の間の豊かさはもたらされても、失うものの方が遙かに大きい。それはひいては、都市を弱くし、国の底力を脆弱なものに変えていく。

原発事故と原子力災害が示したように、目先の豊かさと引き換えに失うそれは、単に、地域、地方の問題に終わらず、社会、国、地球全体の課題へと広がっていく。

アマゾン、オーストラリアの大火災、北極圏の氷の減少、海面上昇もそうだが、世界各国、国内各地で起こる異常気象とこれによる甚大な被害。その根幹に、地方、地域に目を向けず、都市のいまがよければいい、自分たちさえよければそれでいいという、ぼくらの利己心と傲慢さがあったとは言えないだろうか。

福島で起きたこと、それを跳ね返すための挑戦は、ぼくを含め、都市に暮らす人間にその問いを突き付けている。

だからこそ、ぼくら都市に生きる人間は、地域、地方と連携し、情報発信の拠点である都市の利点を都市のためではなく、地方のために使ってみてはどうだろう。そう。それが、都市のあり方を変えることにもつながる。それが、ぼくの願うフクシマモデルを全国、世界へ発信する挑戦だ。

終わりに代えて

　これまで紹介した人、地域、企業、団体は、おそらく、福島県内でいまも様々な分野、業種、地域で挑戦を続ける人たちのごく一部に過ぎない。あくまで、ぼくらＭＯＶＥが活動の中で出会い、その延長線上に出会った人たちだ。

　震災・原子力災害がなければ、きっと出会うことも、共感し合うこともなかった、これらの人々との出会いにとても感謝しているし、その出会いは偶然ではなかったと考えている。出会うべきときに、出会うべくして出会った、かけがえのない人たちだ。そして、その出会いを誇りに思っている。

　出会いの始まりは、いわきだった。

　二〇一一年「大いわき祭」を東京で開催するのに苦労していたとき、「行きます」と最初に手を挙げてくれたのは、海産専門㈱おのざきの小野崎幸雄社長だった。

　オフィスに行くと、「ふくしま海援隊」の幟が立っていた。白を挟んで青棒二つの坂本龍馬の海援隊の隊旗がロゴにしてある。色だけ海を示す青に変わっていた。

理由を聞くと、海産専門の販売店として、浜通りの水産業を応援したいからという言葉が返ってきた。

「何かしなくちゃ。自分は売ることしかできないから、いろんなところへ行って、福島の水産業は元気だぞと言い続けるしかなかったんですよ。」

実は、ぼくらMOVEの幟は、海援隊の隊旗をそのまま使っている。意見や立場の違いを超えて、佐幕も討幕もなく、日本のために協働する。そのエッセンスだけもらいたかったからだ。

小野崎さんは、イベント後、ぼくらの仲間になってくれた。以来、社長業の忙しい中、時間を割いて、活動に積極的に参加してくれている。

「震災後、いろいろなつながりができて、これまで出会わなかった人たちに刺激を受け、新しい挑戦にも取り組めるようになったと思いますよ。」

小野崎さんは、ドバイに海産物を入れ始めている。本操業になって、浜通りの地元の魚が復活するまで闘いは続くだろう。

その小野崎さんに紹介されたのが、当時、福島民報社いわき支社の営業部長だった、小磯孝仁さん。

「大いわき祭」後の打ち上げでいきなり仲良くなった男は、いまは、「情熱酒場じゃじゃ馬」という居酒屋の気のいいおやじになった。行政の実施する復興視察ツアーで原子力災害の町をガイドするなど、双葉郡の情報発信に尽力している。

小野崎さん同様、MOVEの一員となり、ぼくらの活動の民報掲載担当をしてもらっている。

「このままで行くと、双葉郡の人口は減っていくばかりだと思うんですよ。いわきも双葉郡もなくて、浜通り全体として、課題を共有していかないと互いの地域もよくなっていかないと思ってます。」

いま「浜風」というかって浜通り全体の情報誌だった小冊子の復活に取り組んでもいる。

いわきMOVEには、このお二人のほか、丸又蒲鉾製造㈲社長の高木聡子さん、さくら中央税理士法人いわき中央事務所所長の木幡仁一さん、いわき経営コンサルタント事務所社長の藤本匡弘さん、㈲後藤ブロック工業取締役の後藤宏さん、㈱東日本計算センター社長・FMいわき代表取締役の鷺弘樹さん、ファーム白石の白石長利さんもいる。

白石さん。ぼくは長利と呼んでいるが、彼は、震災後、農業を通して、いわきの実状を伝える活動を首都圏に出てやっていた。だが、この数年は地元いわきに軸を置いている。

「いまは、足元のいわきでしっかりやろうとしています。震災当時は、内に籠っていても、何も変わらないなと思って、外に出てやってきましたが、地元の人たちも何か新しいことやっていかないと難しいなという空気になってきました。」

赤いツナギがトレードマークで、いわきの赤い星と言われた男は、若い世代とタッグを組んで、地元消費者とよりつながろうとしている。

中通りでの活動の道を拓いてくれたのは、ホテルハマツ総支配人の道下和幸さんだ。

震災直後、郡山はビルの倒壊もあった。地震被害で自宅を追われた人、郡山にいて帰宅困難になっていた人、ホテルに宿泊していたが不安で部屋にいられなかった人。そうした人たちを郡山市内のホテルはロビーを解放して受け入れた。

ホテルハマツでその陣頭指揮を執ったのが道下さんだ。ホテル自体が被害に遭いながら、不安な人々に安心を与えた。

その後は、中通りを中心に、県内の農産物、食材をホテル客にアピールする宣伝活動をロビーで実施した。県内のいい食材があると、足を運び、ホテルの食材として使ってきた。農産物、飲料を応援するイベントも自主企画し、実施していった。それが、ホテルの営業活動の柱となっていた時期もある。

「震災から十年になる二〇二一年は、原子力災害と向き合って、いろいろな挑戦をしてきた成果や実績といったものを整理して、世界に発信する年にすればいいんじゃないかと思います。」

道下さんは、震災・原子力災害があったことで福島がこんなに魅力的な地域になったと、自信を持って全国、世界に発信すべきだと言う。それができるのは、世界で福島しかないのではないかと考えているのだ。

震災を経験したとき、東京生まれで藤沢に自宅のある自分だが、ずっとここに住み続けるしかない。そう思ったそうだ。道下さんのその考えは、いまも変わらない。

MOVEのメンバーではないが、メンバーのように、お世話になっているのは、福島県漁業協同組合女性部連絡協議会会長の久保木幸子さん。

「浜のかあちゃんめし」として、ぼくらのスタディツアー参加者に、いつも魚を使った地元家庭料理を女性部のみなさんで提供してくださっている。久保木さんほか女性部につくっていただく料理は大好評だ。

久保木さんは、福島の漁業の復活ために少しでも役立てばと、どんなに過密なスケジュールでも、各地で開催されるイベントで、浜の家庭料理を提供し続けている。

スチールカメラマンの志賀新さん。志賀ちゃんは、いわきの被災した海岸線の活動をメンバーのように支えてくれた。

被災海岸の豊間区長の遠藤俊成さん、薄磯区長の鈴木幸長さん、沼ノ内区長の遠藤欣也さん。それぞれにお世話になっているが、区長さんたちとのつながりをつくってくれたのは、志賀ちゃんだ。

海まち・とよま市民会議の室谷和範さん、小野陽洋さん。室谷と小野ちゃんは、志賀ちゃんつながりで、ぼくらが薄磯、豊間の海岸でやるイベントに、まるでメンバーのように駆り出している。

室谷は、志賀ちゃんが海岸の道路のゴミを拾っている姿を見て、地域の海岸清掃に目覚めた。地元のボランティア団体、いわきフェニックスや県外からのボランティア団体、視察学習に来る学生たちと清掃活動を定期的に行なっている。そうした仲間がいなくても、彼は、運送業の仕事明けや休みの日には、ひとりこつこつ清掃をやっているのだ。

「地元のだれかがやんないと。こんなにきれいな海なんだから。」

日本渚百景にも選定された、薄磯海岸。それを誇りに思い、愛するがゆえに、誰に見せるわけでもなく、続けてきた清掃活動。見る人は見ていて、いわき市から表彰された。

二本松市の菓子処まつもとの松本克久さん。克久は、二〇一二年の「福島・東北祭り」に出店してもらったのが縁だ。

ＭＯＶＥの応援ボランティアの学生の一人が、菓子処まつもとのクルミゆべしに感動したと騒いでいた。あまりに言うので二本松に会いに行き、以来、機会があれば、克久に協力してもらっている。ぼくは、まだ嫁をもらわない克久を心配している。

また、ＭＯＶＥは四年前から、東京都港区の人々と福島県の合唱、吹奏楽の名門校との音楽交流を活動のひとつの柱にしている。安積黎明高校から若松商業高校に移られた宍戸真市先生には、現在の音楽交流の道筋をつくっていただいた。全国大会へ向けて大変な時間を割いてご協力くださっている磐城高校吹奏楽部、湯本高校吹奏楽部、会津高校合唱部、郡山高校合唱部の諸先生方と生徒のみなさん、港区から応援参加いただいている東京工業大学附属科学技術高校、都立三田高校吹奏楽部の諸先生方と生徒のみなさんにも深く御礼と感謝をお伝えしたい。

元福島県東京事務所所長で、公益財団法人福島県観光物産交流協会理事長の高荒昌展さんは、ＭＯＶＥが県東京事務所と現在のような交流を持つきっかけをつくってくださった方だ。同じ時期に、委託事業でお世話になった県農産物流通課の元課長、金子達也さんにはＭＯＶＥのいまに至る道を拓いていただいた。お二人には、本当に感謝している。

ＭＯＶＥは、入る者は拒まず、出る者は引き止めず。自分のできる時間で、できることをやってもらう。主義主張もいろいろあっていい、縛りのない団体だ。ただ、信頼される団体であろうということだけには、こだわりがある。

新たに参加した人もいれば、去って行った人もいる。しかし、折々に自分の時間とお金を使い、活動を支えてくれた方、いまも支えてくれている方すべてに、心から感謝している。

二〇一三年の団体のウェブサイト立ち上げで多忙な副社長業務の中、尽力してくれた加藤学さんは、入院先を訪ね、ＭＯＶＥの活動の様子を話すと、嬉しそうに聞いていてくれていた。若過ぎる死だった。彼は、永久会員でいまもフェイスブックの団体グループにいる。だから、ありがとうは言わない。

紙面の都合で詳しくはご紹介できないし、またご紹介できない大勢の方がいる。その方たちにも感謝を捧げたい。

最後になるが、この本を上梓できたのは、福島県「ふるさと・きずな維持・再生支援事業」の補助があってのことだ。関係者のみなさまに深謝します。


ぼくらの活動は、これで終わりではないが、ぼくらは、活動を開始したときから、終わりを目指している。

なぜなら、福島が全国、世界の人々に、原子力災害の福島ではない、キラキラと輝く、特別な場所と認められたときが、ぼくらＭＯＶＥの役割の終わるときだからだ。それはそう遠くない。福島、東北被災地の高校生の姿を見ていてぼくはそう思う。ここに紹介した人々の後を継ぐ、彼らの未来にぼくは期待し、彼らの力を信じている。

復活への公式はそのとき、本当に証明されたことになる。

●東洋システム㈱（庄司秀樹）

〒 972-8316　福島県いわき市常磐西郷町銭田 106-1　TEL 0246-72-2151

●㈱向山製作所（織田金也）

〒 969-1301　福島県安達郡大玉村大山字西向 26 番地　TEL 0243-48-2761

第一工場　〒 969-1301　福島県安達郡大玉村大山字縫戸 94 番地

TEL 0243-68-2455

●㈱おのざき（小野崎幸雄）

〒 970-8026　福島県いわき市正内町 80-1　TEL 0246-23-4174

●情熱酒場じゃじゃ馬（小磯孝仁）

〒 970-8054　福島県いわき市平字白銀町 2-10 夜明け市場

TEL 080-5560-6111

●ファーム白石（白石長利）

〒 979-3115　福島県いわき市小川町下小川字味噌野 16

TEL 0246-83-2153

●福島県漁業協同組合女性部連絡協議会（久保木幸子）

〒 970-8044　福島県いわき市中央台飯野 4-3-1（福島信漁連内）

TEL 0246-29-2331(代)

●志賀写真事務所（志賀新）

〒 970-1153　福島県いわき市好間町上好間字稲荷下 13

TEL 090-6688-0882

●海まち・とよま市民会議（室谷和範・小野陽洋）

〒 970-0224　福島県いわき市平豊間字下町 149-2 豊間中央集会所

TEL 0246-98-6100

●菓子処まつもと（松本克久）

〒 964-0911　福島県二本松市亀谷 2-220　TEL 0243-22-0935

※その他、これまでＭＯＶＥの活動にご協力いただき、紙面の都合でご紹介、掲載できなかった多数の団体のみなさまに改めて御礼、お詫び申し上げます。

● **NPO 法人中之作プロジェクト（豊田善幸）**

〒 970-0313　福島県いわき市中之作字川岸 10　TEL 0246-55-8177
（豊田設計事務所内）

● **NPO 法人りょうぜん里山がっこう（高野金助）**

〒 960-0804　福島県伊達市霊山町大石字細倉 17　TEL 024-587-1032

● **ホテルハマツ（道下和幸）**

〒 963-8578　福島県郡山市虎丸町 3-18　TEL 024-935-1111（代）

● **御稲プライマル㈱（後藤正人）**

〒 969-1107　福島県本宮市青田字寄松 100 番地　TEL 0243-24-1363

● **㈲鈴木農園（鈴木清美）**

〒 963-1153　福島県郡山市田村町大供字向 173　TEL 024-955-4457

● **ABE 果樹園（阿部秀徳）**

〒 960-2156　福島県福島市荒井字上笊森 30　TEL 024-597-6001

● **ふくしま農家の夢ワイン㈱（関元弘・齋藤誠治）**

〒 964-0203　福島県二本松市木幡字白石 181-1　TEL 0243-24-8170

● **㈱ GNS（廣田拓也）**

〒 964-0938　福島県二本松市安達ケ原 5-254-12　TEL 0243-62-2201

● **コミュタン福島**

〒 963-7700　福島県田村郡三春町深作 10-2　田村西部工業団地内
TEL 0247-61-5721

● **南相馬ソーラー・アグリパーク（一般社団法人あすびと福島　本部）**

〒 975-0023　福島県南相馬市原町区泉字前向 15　TEL 0244-26-5623

● **南相馬市市民生活部生活環境課新エネルギー推進係**

〒 975-8686　福島県南相馬市原町区本町 2-27　TEL 0244-24-5248

● **南相馬市経済部商工労政課起業支援係兼ロボット産業推進室**
（福島県ロボットテストフィールド）

〒 975-8686　福島県南相馬市原町区本町 2-27　TEL 0244-24-5264

● **会津電力㈱（九代目佐藤彌右衛門）**

〒 966-0014　福島県喜多方市関柴町西勝字井戸尻 48-1
TEL 0241-23-2500
合資会社大和川酒造　〒 966-0861　福島県喜多方市字寺町 4761
TEL 0241-22-2233

登場団体・取材協力団体連絡先一覧（登場順・敬称略）

●いわき商工会議所（小林裕明・小野英二）

〒970-8026　福島県いわき市平字田町 120　ラトブ 6F

TEL 0246-25-9151

● FM いわき（安部正明・渡辺弘）

〒970-8026　福島県いわき市平字大町 5-1　TEL 0246-25-0763

●海神乱舞

http://www.utsukushima.tv/web/index.php?e=461&Page=3

●下平窪子どもじゃんがら念仏踊り（下平窪芸能保存会）

〒970-8003　福島県いわき市平下平窪字曲田 24

（後藤ブロック工業　後藤宏）TEL 080-5226-4108

●㈲松葉屋（今泉克久）

〒969-0401　福島県岩瀬郡鏡石町鏡沼 246　TEL 0248-62-2783

●福島県相馬双葉漁業協同組合（菊地基文・松下護）

〒976-0022　福島県相馬市尾浜字追川 196　TEL 0244-38-8301

●ホテルみなとや（管野貴拓）

〒976-0022　福島県相馬市尾浜字追川 137　TEL 0244-38-8115

●㈱広栄土木（小幡広宣）

〒976-0003　福島県相馬市塚部字本社 93-1　TEL 0244-26-5910

●そうま食べる通信（黒田夏貴）

e-mail soma@taberu.me URL https://taberu.me/soma/

●大野村農園（菊地将兵）

〒976-0007　福島県相馬市大坪字西畑 23-1　TEL 090-7574-3114

● NPO 法人会津地域連携センター（稲生孝之）

〒965-0035　福島県会津若松市馬場町 1-20 ヤマトメビル 2F

TEL 0242-22-3633

山鹿興産㈱　〒965-0811 福島県会津若松市和田 1-7-16

TEL 0242-26-4123

●㈱やま陶（曲山輝一）

〒965-0813　福島県会津若松市東山町石山天寧 67　TEL 0242-26-2507

後援　港区立小中学校 PTA 連合会・港区・港区教育委員会・いわき市・いわき商工会議所・いわき市教育委員会・福島県教育委員会

9 月～県補助事業「福島から全国・世界へ」出版取材事業開始

■ **2020 年（令和 2 年）**

1 月　県補助事業　音楽交流「福島の声、響き、願い」国立記念青少年オリンピックセンター・港区立赤坂区民センターホール　共催　港区・いわき市　後援　港区立小中学校 PTA 連合会・港区教育委員会・いわき市教育委員会・会津若松市・会津若松市教育委員会・福島県教育委員会

2 月　県補助事業「復活への公式　福島から全国・世界へ」無償配布出版開始

3 月　福島県・電通東日本委託事業「まじうまふくしま東京の店発信事業」

「第 3 回ふくしまみなと未来塾バスツアー」二本松市・三春町　後援　港区立小中学校 PTA 連合会・二本松市・二本松市教育委員会・三春町・福島県教育委員会

11 月　県助成事業「ふくしまみなと未来塾会議」発足第 1 回　港区立青山中学校多目的ホール

■ **2018 年（平成 30 年）**

1 月　県助成事業「ふくしまみなと未来塾交流フェア」港区立青山中学校
後援　港区立小中学校 PTA 連合会・港区・港区教育委員会・いわき市・いわき市教育委員会・福島県教育委員会

2 月　福島県・電通東日本委託事業「まじうまふくしま東京の店」冊子・WEB 制作 /「福島牛フェア」
電通東日本委託事業「ふくしまみなと未来塾活動報告写展＆活動発表 in 肉まつり」

8 月　県助成事業「福島のここがおもしろい！」「第 4 回ふくしまみなと未来塾バスツアー」　南相馬市・いわき市
後援　港区立小中学校 PTA 連合会・港区・港区教育委員会・いわき市・いわき商工会議所・いわき市教育委員会・南相馬市・南相馬市教育委員会・相馬市・相馬市教育委員会・福島県教育委員会

10 月　県助成事業「里山がっこう体験しよう」交流学習ツアー /「第 5 回ふくしまみなと未来塾バスツアー」　伊達市霊山町　後援　港区立小中学校 PTA 連合会・港区・港区教育委員会・伊達市・伊達市教育委員会・伊達市立大石小学校 PTA・福島県教育委員会

12 月　県助成事業「福島の声、響き、願い」音楽交流　港区ふれあいパーク芝浦リーブラホール
共催　港区・いわき市　後援　港区立小中学校 PTA 連合会・港区教育委員会・いわき商工会議所・いわき市教育委員会・福島県教育委員会

■ **2019 年（平成 31 年）**

3 月　福島県・電通東日本委託事業「まじうまふくしま東京の店発信事業」

■ **2019 年（令和元年）**

6 月　県補助事業「Pre2020 ふくしまみなと未来塾」採択

8 月　県補助事業「未来の産業を知ろう」/「第 6 回ふくしまみなと未来塾バスツアー」いわき市

後援　いわき市・相馬市

10 月 県委託事業「第 5 回応援学習バスツアー（第 1 回ふくしまみなと未来塾）おさかなフェス in 小名浜」後援　港区立小中学校 PTA 連合会・港区・港区教育委員会・いわき市・いわき市教育委員会

11 月 県委託事業「第 6 回福島応援学習バスツアー」/「ふくしま　まけねぇ魂！祭り in ハマツ」天栄村・郡山市　後援　天栄村・郡山市・福島市・いわき市・会津若松市・本宮市・二本松市

12 月 県委託事業「ふくしま　まけねぇ魂！ in 青山」港区立青山中学校　後援　港区立小中学校 PTA 連合会・港区・港区教育委員会・いわき市・いわき商工会議所・いわき市教育委員会・福島県教育委員会

■ **2016 年（平成 28 年）**

3 月 福島県・電通東日本委託事業「まじうま　ふくしま東京の店」冊子・WEB 制作

6 月 県委託事業「ふくしまみなと未来塾」採択

8 月 県委託事業「ふくしまみなと未来塾 in 浜通り」/「第 7 回福島応援学習バスツアー」いわき市・相馬市　後援　港区・港区小中学校 PTA 連合会・いわき市・いわき商工会議所・いわき市教育委員会・相馬市・相馬市教育委員会・福島県教育委員会

10 月 県委託事業「まじうま　ふくしま東京の店　改訂版」

■ **2017 年（平成 29 年）**

1 月 県委託事業「ふくしまみなと未来塾 in 青山」港区青山中学校　後援　港区立小中学校 PTA 連合会・港区・港区教育委員会・いわき市・いわき商工会議所・福島県教育委員会

3 月 福島県・電通東日本委託事業「まじうま　ふくしま東京の店　リニューアル版」制作

6 月 県補助事業「ふくしまみなと未来塾　2020 年へ向けて」採択

8 月 県補助事業「ふくしまみなと未来塾浜の文化を知ろう」/「第 2 回ふくしまみなと未来塾バスツアー」相馬市・いわき市　後援　港区小中学校 PTA 連合会・相馬市・相馬市教育委員会・いわき市・いわき市教育委員会・福島県教育委員会

同月 福島県・電通東日本委託事業「まじうまふくしま東京の店発信事業」

10 月 県助成事業「ふくしまみなと未来塾環境への取り組みを知ろう」/

特定非営利活動法人 Social Net Project MOVE の活動実績

■ 2011 年（平成 23 年）

4 月　福島県いわき市・会津若松市・郡山市震災被害調査

5 月　福島県いわき市・会津若松市・宮城県石巻市被害調査

11 月「大いわき祭」 港区立檜町公園　後援　港区・いわき市・FM いわき・いわき商工会議所

■ 2012 年（平成 24 年）

1 月　東京都 NPO 法人認定

4 月「地域活性化のための IT セミナー」 いわき市　後援　いわき市・福島民報社

10 月「福島・東北祭り」 港区立檜町公園　後援　港区・福島市・いわき市・会津若松市・福島民報社・復興庁

■ 2013 年（平成 25 年）

2月「第１回福島応援学習バスツアー」「地域活性化のためのITセミナー」会津若松市　後援　会津若松市・FM あいづ

6 月　トヨタ財団地域間連携助成選定

8 月「トヨタ財団助成 Smart City FUKUSHIMA MOVE」WEB 開設　いわき市発表会　後援　いわき市

11 月「第 2 回福島応援学習バスツアー」「いわき交流会」いわきワシントンホテル　鏡石町・二本松市・いわき市・富岡町　後援　鏡石町観光協会・二本松市・いわき市・いわき商工会議所・FM いわき

■ 2014 年（平成 26 年）

5 月「福島のこれからを考える　映画上映会」 いわき市　後援　いわき市

11 月「第 3 回福島応援学習バスツアー」国見町・飯坂温泉・郡山市・本宮市・福島市・二本松市　後援　郡山市・福島市・本宮市・二本松市・国見町

■ 2015 年（平成 27 年）

6 月　県委託事業「ふくしま　まけねぇ魂！」採択

8 月　県委託事業「第 4 回福島応援学習バスツアー」/「ふくしま　まけねぇ魂！交流会」いわきワシントンホテル　いわき市・相馬市

◆ 著者紹介

特定非営利活動法人 Social Net Project MOVE

秀嶋賢人（ひでしまよしひと）

早稲田大学卒　東宝現代劇戯曲科９期修了　映画監督・劇作家・舞台イベント演出家
特定非営利活動法人 Social Net Project MOVE 理事長
社会・教育問題を題材とした映画・社会イベントを多数手掛ける。社会学者宮台真司・精神科医斎藤環・教育評論家尾木直樹各氏らと教育シンポジウムやＷＥＢ運営を行い、その経験をもとに、東日本大震災後、現在のＮＰＯ法人を立ち上げた。東日本大震災を題材とした作品に『いじめなんかいらない！』『誇り』『みんな生きている』（以上、東映）『あなたを忘れない Never forget you』（東京都）。著書に『思春期の心をつかむ会話術』（学陽書房）など。
https://ethospeacelove.hatenablog.com/
http://www.hideshima.co.jp/

復活への公式
福島から全国・世界へ

2020年3月26日　初版発行

著　者　特定非営利活動法人 Social Net Project MOVE　秀嶋賢人
発行者　横山験也
発行所　株式会社さくら社
〒101-0051　東京都千代田区神田神保町2-20 ワカヤギビル507号
TEL：03-6272-6715／FAX：03-6272-6716
http://www.sakura-sha.jp　郵便振替 00170-2-361913

ブックデザイン　佐藤 博
印刷・製本　株式会社廣済堂

ISBN978-4-908983-42-9　C0036